U0925207

我——约翰·多兰生平掠影

我、杰基（图右），还有杰基的一个小伙伴。

杰基照顾小弟弟（也就是我）。

五岁时的我坐在总统住宅区起居室的窗户下面。

哥哥马尔科姆和大卫，姐姐杰基，多特，叔叔丹尼，丹尼的女朋友和杰瑞。（从左至右）

约翰·巴顿（我未来姐夫）和十岁左右的我。

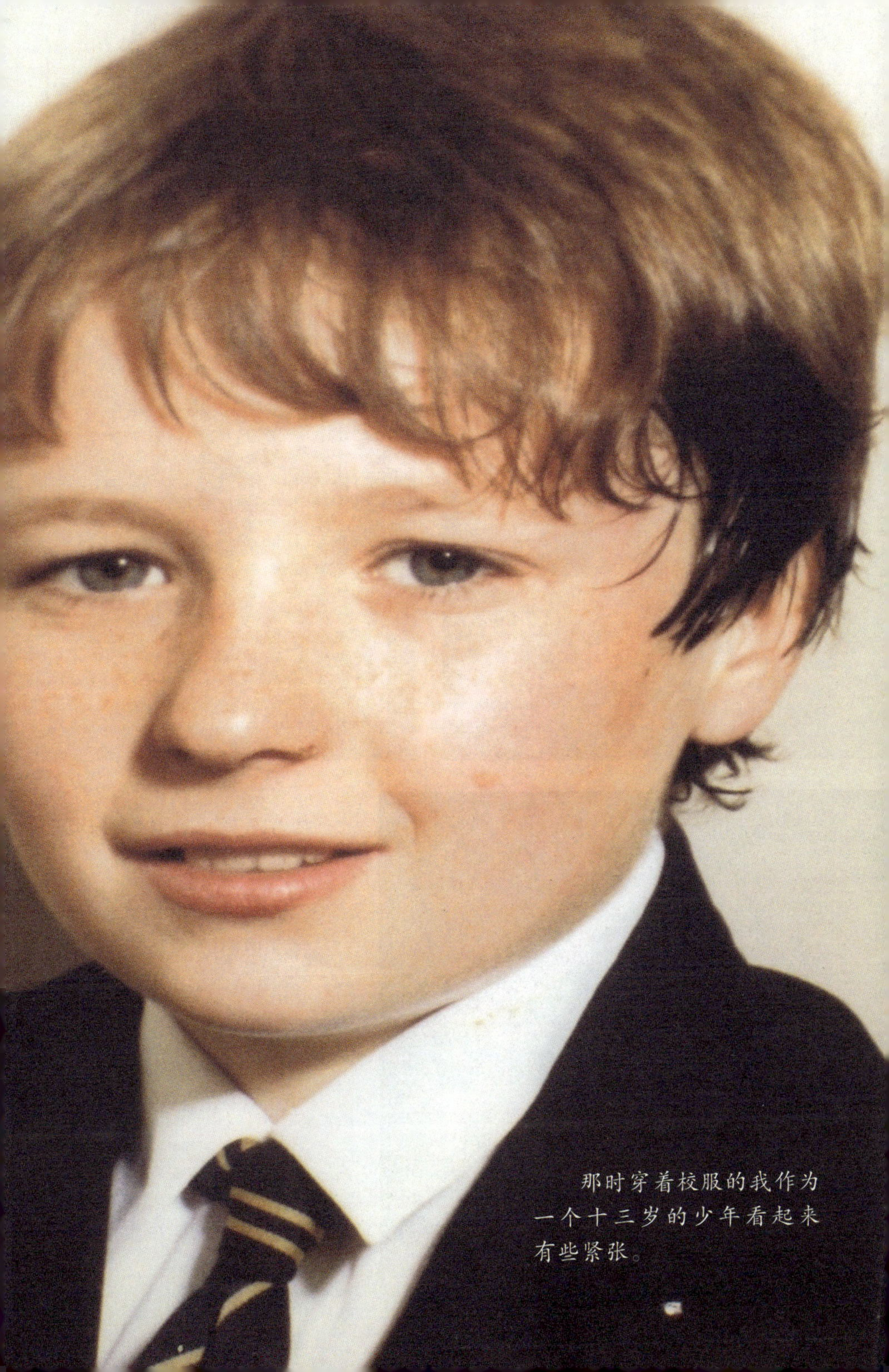

那时穿着校服的我作为一个十三岁的少年看起来有些紧张。

上图：我沿贝思纳尔格林路散步，试图跟上乔治的步伐。

左上图：早年坐在肖迪奇高街上的情景。

浅浅微笑的我和乔治。

和乔治在家的情景。家里有点乱，但是比街上要好多了！

和乔治出去在公园长凳上休息。

上班时间，我常用照片里的薄板作画板。

和乔治在肖迪奇高街上度过的又一天：它面前放着一个杯子，我正在投入地画画。

如果非要给人家拍照的话，请往帽子里投币（一个也行，两个更好），不然人家就要咬人喽！愿您在花市度过美好的一天——狗狗乔治。

乔治给哥伦比亚路花市上的行人写的一张便签。它的字很漂亮吧！

典型的肖迪奇高街的画作，广告牌上还显示有一则消息。

GET

It's GOOD to TALK

"BLAH, BLAH"!

我第一次专门为乔治画的画，自我感觉很好的一张画。

George the Dog. Shoreditch London.

过去几天和好友莱斯一起的日子。

向施都凯致敬的文顿街画作，这条街道的一些墙上印有他的画。

肖迪奇高街的俯瞰图，这幅画是我特地爬到宽门塔上画的。

与蒂埃里·努瓦尔合作画画。

ROA 给我讲解注意事项。乔治一直盯着他右手上的三明治，这个贪婪的小混蛋。

我、乔治和施都凯庆祝画作大功告成。

ROA在贝思纳尔格林画的壁画，我很喜欢。

蒂埃里·努瓦尔与ROA合作的细节。

与塞弗合作的画

与罗迪合作的画

与公民凯恩合作的画

与施都凯合作的画

乔治在布罗肯·芬格茨合作的画作前合影留念。

格里夫画展开幕当天帮忙往墙上悬挂画作。

开幕前，乔治守着“价值连城”的展览画作。

画廊外大排长龙，画展即将开幕。

以最好艺术家的姿态检查画作。

和施都凯、乔治一起受到人们的称赞。

画展人满为患，开得比我想象的要成功得多。

一只狗改变了我的生活

JOHN & GEORGE

The dog who changed my life

[英] 约翰 · 多兰（John Dolan）/ 著　段真真 / 译

商务印书馆国际有限公司

图书在版编目（CIP）数据

一只狗改变了我的生活 / (英) 约翰 · 多兰 (John Dolan) 著 ; 段真真译 .
—北京 : 商务印书馆国际有限公司 , 2016.7

ISBN 978-7-5176-0265-1

Ⅰ. ①一… Ⅱ. ①约… ②段… Ⅲ. ①多兰，J. – 自传
Ⅳ. ① K835.615.72

中国版本图书馆 CIP 数据核字 (2016) 第 143626 号

著作权合同登记号 图字：01-2015-8606

一只狗改变了我的生活

作　　者 ［英］约翰 · 多兰 (John Dolan)
译　　者 段真真
责任编辑 蔡红英
出版发行 商务印书馆国际有限公司
（地址 北京市东城区史家胡同甲 24 号 邮编 100010）
（总编室电话 010 – 65592876 市场营销部电话 010 – 65598498）
网　　址 www.cpi1993.com
经　　销 全国新华书店
印　　刷 北京中科印刷有限公司
开　　本 880mm × 1230mm 1/32
字　　数 188 千字
印　　张 8.75
版　　次 2016 年 7 月第 1 版第 1 次印刷
书　　号 978-7-5176-0265-1
定　　价 35.00 元

版权声明

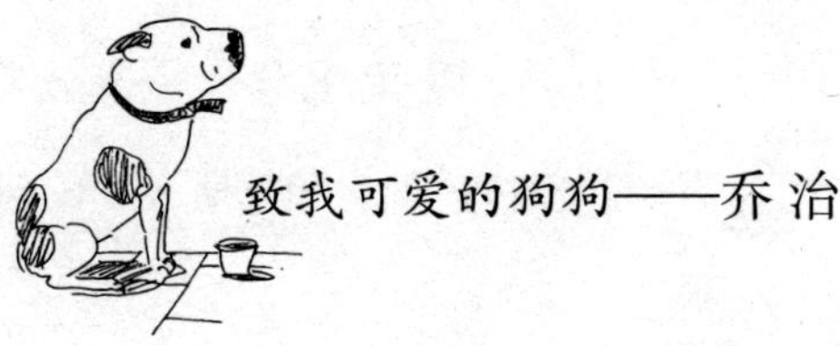

致我可爱的狗狗——乔治

以此纪念

杰瑞、多特·赖安和莱斯·罗伯茨

目录

Contents

序言

“约翰，猜猜我今天替你卖了多少钱？”格里夫合不拢嘴地笑着说道。

“我怎么会知道呢！”我耸耸肩，“一个贝币？”

此时我正坐在肖迪奇高街的人行道上，画着周围的建筑物。过去三年来天天如此，从未间断过。

手指冻僵了，我正想着是否有足够的钱来买一杯茶和一块三明治来解决温饱。

乔治一如既往地趴在我身边，身上裹着外套；它前面放着一个纸杯子，方便路人将零钱投进去。

“一个贝币是多少？”

“就是十镑啊，伙计！”

“约翰，你再猜猜，可不止十镑哦！”

听到他的话，我顿时高兴起来。虽然我们在街上已经待了好几个小时，但是杯子里的硬币仍是少得可怜，只有几个英镑、少数银币和零星铜币。一天中不管挣多少，格里夫一直都比我和乔治赚得多。

“难道有几百英镑？”我半开玩笑地说道。

“错，再猜。”

格里夫高兴地围着我转，像只嗡嗡叫

的蜜蜂。我甚至能感受到他那流露出来的高兴劲儿，但我尽量保持淡定。

“额……我真不知道多少了！五百英镑吗？”

“再高点！”

“一千英镑？”

“再高点嘛！”

此刻，我也激动起来了，谁遇到这种事都得激动！

“快告诉我吧！”

“约翰，我们赚了几千英镑！”

“真的假的？你是说，几千英镑吗？”

“准确来说，是一万五千英镑！”

真是难以置信，我腾地一下笑着站了起来，又皱眉又挠头。

“快说说！你今天竟然卖了一万五千镑，只一天的时间你到底是怎么做到的呀？”

“我把你的五幅画全卖掉了，其中一张就卖了五千英镑。”

我知道格里夫不会骗我，但我现在还是不敢相信，因为我从未遇到过这样的好事。

“格里夫，你最好不要跟我开玩笑。如果你骗我的话……”

“千真万确，约翰！五幅画总共卖了一万五千镑。”

这时的乔治仍同往常一样，前腿向前伸着，头抬得高高的，骄傲又安静地坐在那里。它好像嗅到些不同寻常的气息，充满期待地看着我，等待着我的一声令下。

“过来，乔治！过来，我的伙计！”

当我蹲下，向它伸出双手，它一跃而起，一头扎进我怀里。

“听到了吗，乔治？一万五千镑！我要发财啦！”

我曾经担心会失去容身之所，一度害怕得要命。但是一刹那间，这些担心全部烟消云散啦！我简直不敢相信我所听到的。

我觉得就算是乔治也不敢相信吧。它在听得出神时，总是竖起耳朵，不时歪着头摇来摇去。现在，它下巴抬起，带着满意的表情，眼睛闪闪发亮。

此时，如果会说话，它或许会说：“什么时候我才能拿到我的那一半？”乔治就是这样一个“厚脸皮的小东西”！它或许还会说一句或者我希望它会说：“坦白说，真心祝贺你，我的伙计。这是你应得的，但是别忘了是谁带给你的好运哦……”

这事发生在2013年春天，我当时四十一岁。能够卖掉那些画是我生命中的又一次转机。

对我来说，第一次重大转机就是在几年前遇到了乔治。虽然当时我并未意识到，但乔治确实是我的“福星”；它彻底改变了我的整个世界。

如果不是乔治，我不会重新拿起笔开始画画——在此之前，我已经荒废数十年光阴，弃笔不画；如果不是乔治，我不会遇到格里夫（全名理查德·霍华德·格里夫）——他是当地的画商；如果不是乔治，我或许穷困潦倒，或锒铛入狱，或六尺身材终埋黄土，这样说一点也不为过。

但是我遇到了乔治，此后我开始与一些世界著名的街头艺术家合作，我的作品开始出现在纽约甚至莫斯科的墙上，我甚至举办了自己的伦敦画展，在画展上展出的作品被一抢而空。能够走到今天，对我来说是一个极其艰难痛苦的过程。在遇到乔治前，我犯过罪，入过狱，吸过毒，精神抑郁，流离失所了好多年。

正是乔治，带我走出痛苦堕落的深渊。也是乔治，成就了我的艺术家之路，让我站了起来，带我走出了黑暗。

这对于一只斯塔福德郡小斗牛犬来说，并不是一件容易的事。更何况在遇到我之前，它的境况本就不尽如人意。乔治是我的全部，我爱它至深。本书讲述的就是它如何改变我生命的故事。

第一章

正是在2009年冬天，乔治走进了我的生活。当时我独自住在皇家铸币街一家报亭上面的一间临时市建小套房里，沿皇家铸币街可直通伦敦塔。我有幸在那里断断续续地生活了两年，这对当时的我来说，是唯一值得欣慰的事情。当时，我经历了一个人能够经受的所有磨难：失业、无经济来源和嗑药。唯一值得庆幸的是我有了自己的容身之所。这么多年来，我流离失所，经常露宿街头，让我深深明白能有一个容身之处是多么幸运的事情。母亲多特的言传身教告诉我，仁慈始于家庭。如果在街上遇到比我更不幸的人，我会不时邀请他们去我家住上一两晚。正是因为这样，我认识了贝基和山姆。

我是在塔丘地铁站外面遇到他们的。他们是一对不错的年轻夫妇，二十岁出头，在地铁站附近乞讨。像其他大多数无家可归、伸手乞讨的人一样，他俩看起来受够了这样的生活，急需做出一些改变。他俩养了一只牧羊犬，这让我有点想起了自己年轻时养的一只狗，也让我们有了第一次的交谈。大约在一个月的时间里，我和贝基、山姆就变得熟悉起来。尽管有些惭愧，但我也加入了乞讨行列……除此之外，我别无他法。尽管我过去常常对人们说自己“囊中羞涩”，但实际上情况更加糟糕。事实上，我一直勉力维持生计。现在我身无分文、别无选择，只能低声下气地向路人讨钱，来养活我这样一个无药可救的混蛋。总之，只要见到贝基和山姆，我们就会互相为对方打气，端给对方一杯古怪的茶水来御寒，或者互相讲船夫们告诉我们的故事。

“那个家伙说我笑起来很好看，不仅给了我五英镑还说我应该得到好运。”贝基说道。

“那老头儿说我是人类的耻辱，应该把我扔到双层巴士下面。”我开玩笑地说道。他说的是实话，但我唯一能做的就是一笑置之或者直接自暴自弃。

临近12月份，天气渐渐变冷。根据经验，我知道在这个季节睡在大街上是令人十分沮丧的事情。于是我对贝基和山姆说，如果他们愿意的话，可以搬来跟我住一段时间。两年来，他们一直露宿街头，所以即使我提到住处有些寒酸，一旦有这样的机会，他们满口答应也毫不奇怪。尽管房间潮湿、阴冷、拥挤，只能放得下我的沙发床，但他们还是心存感激，开心地住了进来，与身边的牧羊犬挤着睡在一起。他们告诉我，当看到人们在光天化日之下对狗狗拳打脚踢时便把它从收容所中救了出来，这对我触动很深。这些年来，我亲眼目睹了许多无情的虐待和暴力行为，尤其是在我穷困潦倒时，我也遭受过这种待遇。

“你做了一件好事，”我对贝基说道，“这才是生命的全部意义！”

他们住了几天后，有一天，贝基气喘吁吁地跑上楼，吵着问我是否可以收留另一只狗。她的话让我大吃一惊。因为当一个人无家可归时，绝对不会承担太多的责任。对于我们来说，能够熬过每一天，讨钱来养活自己已经是很不容易的事情了，又如何能养得起两只狗呢？！

“为什么，亲爱的？一切还好吧？发生什么事情了吗？”我问道。

“嗯，说起来有点奇怪。”她喘过气来回答道。

原来是在地铁站，一个喝醉了酒的苏格兰人跌跌撞撞地走到贝基面前，问她是否愿意买下他的狗。

“你想卖多少钱？”她问道。

“最多一罐高浓度啤酒的钱，宝贝儿。”苏格兰人说道。

“别傻了！你怎么能用一罐啤酒钱卖掉自己的狗呢！”贝基说道。

贝基看了看这只狗，它安静地坐在苏格兰人身边，想着自己的事情。这是一只帅气、机敏的小狗，显然用一罐高浓度啤酒的钱卖掉这只狗狗是对它的侮辱。如果这个苏格兰人真的认为它只值这个价的话，贝基觉得他不配拥有这只狗狗。于是，她把口袋里的钱全掏了出来，数了数一共多少钱。

“呶，告诉你，我付你二十英镑。拿上这些钱，立刻从我眼前消失，听到没？”贝基说道。

“好嘞，宝贝儿，我明白！”苏格兰人一边数钱一边应道，“对了，狗的名字叫乔治。”

苏格兰人晃晃悠悠地走了，贝基牵着乔治破旧不堪的狗绳也离开了，想着刚才自己做的这件事，希望我不会介意也收留下乔治。

听她讲完，我说道：“怎么会介意呢！看起来，这家伙也需要改善下生活，快把它牵进来吧。”

贝基下楼去牵乔治，几分钟后门开了，乔治走了进来。出人意料的是，乔治看起来非常漂亮。流浪汉养的狗一般不会得到很好的照料，有些甚至会满身泥污、身体虚弱。虽然乔治看起来有些紧张，但我还是能看出来，它有多么活泼！它左眼圈上的黑斑点很夺人眼球，另外它的一只耳朵是黑色的，而另一只的颜色则稍浅些。它的一只耳朵上有一处伤口，好像是与别的狗撕咬后留下的。但毋庸置疑，它是一只很漂亮的小狗。

我说：“就值一罐高浓度啤酒的钱？那家伙是不是疯啦？”

我轻轻抚摸着乔治的头，说：“你好，伙计！”看它有些焦躁不安、心神不宁的样子，我并没有大惊小怪。在一个陌生的环境，跟着新主人对它来说很难适应，有这样的举动也不足为奇。天知道，它跟着那个苏格兰人过的是什么样的日子呀！

我问：“那个苏格兰家伙养了乔治多长时间？”

贝基耸了耸肩，说：“我也不清楚，乔治看上去不大。”

我觉得也是，它虽不是幼犬，但是看着也没那么老，也就十八个月的样子。

乔治安静地坐在地上，注视着、倾听着我们的谈话，不可思议地一动也不动！不管谁在说话，它都会训练有素似的把眼睛转向谁，即使听到公寓外面最轻微的声音，它也会迅速竖起耳朵。尽管时刻都警惕着，但它看起来仍是异乎寻常的平静。坦白说，乔治身上有一种魔力使人着迷，打从一开始我就喜欢上了它。

放轻松点，别拘束！

几天后，贝基问：“你能帮我们照看乔治几个小时吗？也许不该这样让您费心，但确实是有重要的事情要办。”

她和山姆要去见一个社工，他能帮助他们摆脱流浪。贝基说他们不想让社工看到两只狗，我知道他们无论去哪里都不会丢下那只牧羊犬，所以就欣然答应了他们的请求。在我们认识的这几天里，乔治一直很乖巧。它几乎不吠叫，静静地待在房间里，它的平静让我感觉很舒服，成为了非常受欢迎的“客人”。

我说：“很开心能帮你。乔治，你是个好孩子，是不？”

它看着我，晃动着头。我觉得我们在一起会相处得很融洽。事实上，我也不觉得我们会就这样结束。

贝基和山姆离开了很久，我拿出他们走时留下的水壶旁的半罐 Tesco 狗粮喂乔治，给它倒了一碗水。我已经很长一段时间没有照顾过狗狗了，但我也知道如果他们不尽快回来，我就得带乔治出去遛遛。我等了很久，直到天色开始暗下来，也没见到他们的身影，因此决定不再等他们。我能感觉到乔治有多无聊，像它这样的小狗，一直缩在我的小房间，本就感觉不好过。最后，当我把牵绳解下来时，它显得十分兴奋，一开前门，乔治倏地就冲了出去，像哈士奇拉着雪橇一样，把我拖到了楼下。

当我们来到街上，我拽紧狗绳，绕着街区走。由于脚踝患有间歇性关节炎，因此我有些焦躁不安。虽然我知道以它的力量可以拉我一把，但我还是不想让它担心我。于是，我只好集中注意力，让自己全身心地感受再次与狗狗散步的美妙感觉。我大约有十五年的时间没有这样跟狗狗散步了。说实话，这好像是十五年来第一次带着美好、坦率的心情走在路上。

途经公园时，我回想起了自己的孩童时代，那时我牵着漂亮的黑色混种狗狗——布奇在伦敦街头散步，憧憬着未来。那个时候我的生活是如此的糟糕，而现在的生活又是如此令人失望沮丧！

我对乔治说："生活往往出人意料，是吧，小家伙？"它突然转过身来，舔了舔我的手。

"嗨，老实点！你在做什么呢？"我说道。

它用鼻子蹭了一下我的腿，立马高兴起来，像是对我带它出来散步并照顾它表示感谢。其实它大可不必这样做。它才是我出门散步、呼吸室外新鲜空气的动力，而不是把自己蜷缩在逼仄邋遢的小套房里，思考着如何才能忘记这窘迫的困境。我们俩是各得其所，互不相欠。

但是，由于我并不习惯承担任何责任，而且我也好久没有照顾过狗狗了，因此我对带乔治散步这件事有些不知所措。当我们走出公园时，乔治突然歪着头注视着我，好像真的在努力揣摩我的心思。我觉得必须跟它说些什么，来解答它眼中流露出的疑惑。

"我的孩子，跟着我一切都会好起来的！你趴着休息会儿，什么都不用担心。"

它皱了皱眉，萎靡不振地看了我一眼。我坐在路边的长椅上，乔治趴在我脚边。我拿起一张旧的《伦敦晚报》开始漫不经心地翻看起来。一个削减福利的新闻跃入眼帘，我开始聚精会神地阅读起来。我如此关注的原因之一是福利的削减与我切身相关。这当然不是全部的原因——虽然我对此同样负有不可推卸的责任——但这绝对是导致我沿街乞讨的原因之一，虽然这是我最不想做的事情。我迫切地需要改变现状，但鉴于我过去的所作所为以及生活中的斑斑劣迹，任何一个脑筋正常的人都不会给我这样的人一份工作的。我作茧自缚，在黑暗中找不到任何出路。我不得不承认，生活永远都不会好转起来，只会变得更加糟糕。

当我看报时，乔治就坐在我的两腿之间用鼻子蹭着报纸，“厚脸皮的小东西！”我一边咕哝着拿开报纸，一边用手使劲摸它的头，它似乎很享受的样子，而我也是第一次这样长时间地盯着它看。我凝视着它的眼睛，它也一眨不眨地看着我，一副自豪的样子，我们之间似乎有了某种联系。这双深邃的眼睛，让我感到舒适。在这属于我俩的美好时光里，我感到了久违的平静。长久以来，这是我第一次感受到类似于安宁的一种东西。

那天下午稍晚些时候，贝基和山姆回来了。他们一直在叽叽喳喳地讨论着，我清楚地看得出来，他们迫切想要告诉我一些事情。

“是什么好消息吗？”我问道。

很明显，他们要宣布一件让人欣喜若狂的事情。但当贝基开始宣布时，她听起来有些紧张。

“嗯，事情是这样的，约翰。社工帮我们找到了一套公寓，但是……”她看着乔治，乔治似乎也在专心地听她说话。

“太好啦！祝贺你，这对你们来说太好啦！”我打断她的话。

“可问题是……”

“怎么了……”

“我们只能养一只狗。”

我看了看乔治，它安详地坐着，目不转睛地看着地上。天哪，我为它难过起来。我能深切体会到不受喜爱、被遗弃的感觉。我也了解流落街头这么多年，如果能有一个遮风挡雨的住处，贝基和山姆是绝对不会拒绝的。当然，他们肯定会带着牧羊犬。只有乔治将被遗弃，居无定所。

“没关系，小家伙！”我说着，走过去摸着乔治的头，“像你这样帅气的小伙子会很容易找到新家的！”

贝基突然说了句：“额……”并紧张地搓着双手，继续说道，“我还要拜托你一些事情。”

“什么事？”

“是这样的，我们希望你能照顾乔治，可以吗？”

我盯着乔治，回想起我们在公园一起度过的午后时光，心中有了答案。

“当然可以！在你给它找到新家前，它可以一直和我住在一起。我很开心能有个伴儿陪我会儿。”

贝基笑了，我觉得她还有话要对我讲。“额……我的意思不是短期……照看乔治，”她继续说着，眼睛不时在我和乔治之间穿梭，“我的意思是，你想收留乔治吗？你可以照顾它吗？”

我简直不敢相信自己的耳朵！自打记事起，从来没有人如此地信任我、拜托我做一些事情，是贝基给我这次机会，让我拥有这只可爱的小生灵！

“我？你想让我照顾乔治？”与其是说给贝基听，不如说是说给我自己听。

“是的，如果你愿意的话……我们看到你对它照顾有加。你是个真诚的人，约翰。我和山姆都看在眼里。我们知道你会好好照看它的，否则我们也不会问你的。”

当你以乞讨为生时，很少会听到赞美之词，因此贝基的话深深触动了我。她显然确定我和乔治会相处得很融洽，这给了我极大的信心继续说接下来要说的话。

“真的吗？好吧，亲爱的，我喜欢你的恭维，你想怎样都行！”

收养乔治的事情，就这样决定下来！我用手拍了拍大腿，说道：“过来，乔治！快过来，小家伙！”

它从地上站了起来，摇着尾巴跑了过来。

“我怎么跟你说来着？生活往往出人意料，是吧，小家伙？”

贝基和山姆那天晚上搬了出去，我很晚才睡下。那些日子里，我睡得一点也不好。但自从把沙发床修好，让乔治睡在地板上后，我就能轻而易举地入睡了。第二天一睁开眼就能看到乔治躺在我的腿弯处。醒来后，我仍有些惺忪……乔治看起来是那么的放松，身体蜷缩着，好像就那么一直待在我身边。过了一两分钟后，我才醒了醒盹，脑子里蹦出一个想法：“我到底干了什么呀？”

前一天的信心早就不知道跑哪里去了。我是一个废物，没有工作，没有钱，也没有方向，我甚至连自己都照顾不了，更别提去照顾乔治了！上帝呀，它可是一只需要吃饭的大狗，这简直是一个疯狂又愚蠢的决定！我根本就应付不过来这种事情。我闭上眼睛，努力不去想这些困难。我最讨厌早上了，一上午都无所事事的。通常早上一觉醒来，我就开始想该怎么熬过这一天，如果我能挺过这段日子的话。我已经生活在“水深火热”之中了，再加上要照顾狗狗，这简直把我折腾得人仰马翻。贝基会明白，如果我必须为乔治找到一个新家，我肯定会这么做的。

乔治把脸凑到我的脸上摩蹭着我，我迷迷糊糊地又睁开了眼睛。它离我也就几英寸，眼睛注视着我。房间里冷得让人发抖，它呼出来的白色热气吹到我的脸上，暖烘烘的。

“你想要什么？想做什么呢，嗯？”我问道。

它棕色的眼睛闪闪发光，看起来很机灵、兴奋，与我的感觉完全相反。

“起来，一边去！我马上就起床，先走开！”

我拿起手机，拨通了姐姐杰基的电话。她是我所有家庭成员中唯一有联系的人，虽然我们也已经有六个月或者九个月没有联系并且有好几年没有见面了。

“怎么了，约翰？”她问道。凭经验她知道，我联系她的时候都是遇到了困难或是需要帮助的时候。

“我做了一件蠢事。”

“真的吗？这次又怎么了？”

像往常一样，她的话语中流露出同情和关心，虽然她一定烦透了去收拾我这个窝囊废弟弟留下的烂摊子。

“我收留了一只狗，但是我甚至连自己都照顾不了！”

杰基笑了，说：“真的假的？”

“没开玩笑。我该怎么办？”

“呃，我还以为多严重的事呢！那只狗叫什么名字？”

“乔治。”

乔治闻到什么东西走开了，但当听到我叫它名字时，风似的跑到我面前，用期待的眼神看着我。我意识到它可能想出去遛遛，而我想的却是再多睡一会儿，留点儿时间理顺头脑，想想下一步我该怎么做。

“它长什么样？”

“很漂亮！”我不假思索地脱口而出，“杰基，它会是你见过的最漂亮的狗。”这个时候，乔治跳到我的床上，轻轻推着我，舔着我的脸。“看！我不得不走了，狗狗正扑向我……我晚些再打给你。”

我推开乔治，对它说：“好好好，我知道了，你想出去走走！如果你想的话，那我们就出去，然后再决定下面怎么做。”

我当时真的不知道该怎么做，但就在那时我做了一个最终改变我命运的决定。我要在早上而不是下午起床，然后再带着乔治去散步。虽然这是我最不想做的事，但乔治喜欢就行。

大约十点半左右，我们一起朝着附近小公园走去。冬天的天气很冷，太阳很低，阳光却很明媚。我感觉头脑昏沉沉的，眼睛被太阳晒得有点刺痛。我都记不得最后一次这么早出门是什么时候了。一个年轻妈妈推着婴儿车从人行路上走过，看到我们后，与我们保持着距离。刚开始我猜她可能是有点怕乔治，不过后来我觉得她更害怕的可能是我，因为我看起来更吓人：由于房间比较冷，我习惯裹在衣服里睡；因为没有热水，我讨厌洗衣服、刮胡子，所以我现在的形象可能让人很不舒服；这些年来，我掉了几颗牙，这更令我的形象大打折扣。由于很讨厌自己现在的样子，所以我有很久没照过镜子了。我和乔治好久没洗过澡，身上也有股味道。所以我无法指责这位年轻的母亲避开我们的行为。我现在的状态可能真的不适合抛头露面，当然外表看起来也是一副没有能力照顾乔治的样子。

乔治像前天一样，使劲拉着绳子。一到公园，我就很努力地挺直身体。我右脚踝的情况比之前更严重了。本来之前我在冬天犯严重关节炎的时候，都拄拐杖，但这次我把拐杖落在了卧室，因为我不想太依赖乔治或者拐杖。但在这场战役中，乔治注定是赢家。

乔治带我去散步。

我把在公寓里找到的一个旧网球带到公园，然后解开乔治身上的狗绳，使出吃奶的劲儿把网球扔到远处。我希望通过这种扔球—捡球的游戏可以让自己喘口气，而不是被乔治拖着走。

乔治腾地一下子跳起来，跑着去捡球，不到几秒钟就回来了，唾液从下巴处流下来，但球仍牢牢地含在嘴里。

“好样的！乔治，把球给我，快把球给我！”我说道。

如果是布奇（陪我一起长大的狗狗）的话，我只需要说“把球给我”，它就会听话地照着去做。因为布奇很早就学会并理解了我的这句指令，因此它每次都能照我说的去做。但是，乔治并不曾玩过这个游戏。它坐在那里一动也不动，咬着球毫不松口，就像咬着自己的命根子一样。我急了，上身前倾，用手用力撬开它的嘴，把球拿了出来。这是我第一次把手伸进乔治嘴里，也是最后一次。它几乎把我的手指咬断！

“喂，小心点！我可离不开我的手。”我对着乔治道，一边将手从乔治嘴里迅速抽回。

它看着我，貌似朝我翻了个白眼，好像在说：“真的吗？”我注意到，在我讲话的时候，它总是看着我的眼睛，这一点使我明白它就是一个厚脸皮的小东西。我再次把球扔到远处，这次我更是花了九牛二虎之力，才把球从它嘴里抢回来。它一边狂吠一边流哈喇子的样儿，显然很喜欢我们之间推推搡搡的互动，就在我以为抓到球时，乔治又咆哮起来，把牙咬得更紧了。我只能迅速把手抽出，才没有被它咬到。这一刹那，我愣住了。

“该死的家伙，它就是一个成年的野兽！”我当时心里就是这么想的。这是一个很严重的问题。如果我不能振作起来，我敢肯定我绝对应付不了这只肌肉发达的狗。我根本没养过斯

塔福斗牛犬，也没养过其他类似品种的狗。我只养过一只叫作布奇的小狗，它是一种普通的混种犬，但那也好像是好几辈子以前的事了。

我一定是疯了才决定收养乔治，绝对是疯了！但话又说回来，我肯定头脑是不理智的——不管怎样，我肯定头脑不清醒。

第二章

在乔治走进我、改变我的生活前，我的生活一团糟！我一直逃避过去，甚至几乎忘了自己从何而来。我出生于伊斯灵顿国王广场苑总统住宅区一个政府廉租房里，它是众多低矮建筑群公寓中的一座。我们家所在的公寓一共五层楼，我们住在三楼。我小时候经常站在扶手椅上，望向窗外的圣保罗大教堂、三层的巴比肯塔和伦敦城的英国石油大厦。

那时候我对建筑并不着迷——肯定不像我现在这样着迷——我更多的是围着下班回家的父亲杰瑞转。杰瑞是一名清洁工人，他每天早上四点起床，五点出门工作到中午，期间负责清理肯顿的垃圾桶；然后，直接回家换衣服，再到国王广场的牛仔吧喝三四个小时的吉尼斯黑啤，喝完回家后就躺在那个老旧派克诺尔扶手椅上休息。我猜他一天至少要喝十二品脱的黑啤，可我从未见过回家后的他烂醉如泥的样子。

“看的什么鬼节目，换台！”他一回家就嚷嚷道，也不管之前我看的是什么。我很快就摸清了他的规律，只要一听见开门的声音，我立马就跳起来，把节目从 BBC1 切换到 ITV（反

之亦然），因为我知道他肯定还得换台，这样我总会看到自己选的电视节目了。我一直小心翼翼地不让他发现端倪，因为父亲像他们那一代的绝大多数人一样有着很强的支配欲。他发起火来，满屋子都是他的咆哮声，低沉回荡的声音，使他看起来更像哑剧里的大坏蛋，这让我对他产生了如同“上帝”般的敬畏。

“我的房子，我做主！如果你不喜欢的话，你可以从临街门滚出去。”杰瑞经常这样对我说。在我们家，临街门就是前门，尽管前门离大街还有三段楼梯。他是一个强壮又骄傲的男人，对大多数事物有着固定的看法。家里对此还有个笑话是说：如果他对一个人或一个问题没有意见的话，那只能说明这个人还没出生或是这个问题还没出现过。

与所有当儿子的一样，我尊敬、钦佩父亲。他喜欢读有关战争的书籍，经常给我讲关于战争和战士的故事。他还是一位天才画家，只要用心的话，他就能在任何东西上画画。他尤其擅长肖像素描。我记得有一次他跟我说，他曾画了一幅女王的肖像，画得惟妙惟肖，每个见过的人都建议他把这幅画寄到白金汉宫呈给女王看。尽管最后，他把这幅画送给了一个非常喜欢这幅画的同伴。杰瑞就是这样，对朋友总是谦逊又慷慨。事实上，如果我们那儿开派对的话，通常都是在我们家开的。如果杰瑞在酒馆遇到哪个醉鬼晚上没地儿去的话，杰瑞总是伸出援助之手的那个人。

“睡在沙发上的人是谁？”我母亲多特第二天会向父亲问道。

我生活的地方——伊斯灵顿国王广场苑的一张简笔画！

“酒馆里的一个没地儿去的醉鬼。”父亲答道。

母亲了解杰瑞，她对此从来没抱怨过；母亲心胸宽广，从来不介意捋起胳膊伸手帮别人一把。

自我小时候起，她就是一位清洁工，每天在市里的办公室打扫卫生。她每天很早起床，一般在办公室开门前就起来了，这就意味着我要从梯台走到邻居的公寓，从六点待到十点，等她回来。

晚上，多特还会回办公室一趟，去打扫办公室职员留下的垃圾，然后待到七八点才坐巴士回家。

她很少为此抱怨，但漫长的劳作和身体劳累肯定会让她有时吃不消。家里没有钱，而且还有五个孩子要养活，她别无选择——因为我们家需要钱，一分钱恨不得掰成两半儿花。

我是家里最小的孩子，上面有两个年长的哥哥马尔科姆和大卫，他们俩是多特和前任男友生的。我出生的时候，马尔科姆十五岁，大卫十七岁。从我记事起，他俩就很难相处。马尔科姆后来成了一名职业拳击手，而大卫则在八十年代早期就接管了时代业余拳击俱乐部。该俱乐部不管是以前还是现在仍是社区的中心场所，为不同家庭背景的年轻人提供成为运动员的机会。大卫还为俱乐部购进了一批奥林匹克标准的训练设施。

我的两个姐姐玛里琳和杰基，比我的两个哥哥年纪小但仍比我大很多。我出生的时候玛里琳十六岁，她是杰瑞跟前妻的女儿。我几乎不记得玛里琳曾跟我们住在一起过，因为她大部分时间都跟她妈妈住在一起。事实上，我根本不把她当我的姐姐看待。她在我们家的时候（虽然并不经常），我常常叫她“玛里琳阿姨”。我的另一个姐姐杰基比我大八岁，我爱她至深。我关于她的第一次记忆是她去医院割扁桃体的时候，至今仍历历在目。当时，我只有四岁，我使劲抱紧她，不想让她去。

她爱爸爸妈妈，因此总是乖乖的，亲切又友善，在家里帮着爸妈做家务，在学校里努力做到最好。她过去常常照顾我，在我眼里的她是最了不起的。

我甚至记不起来我们五个人一起住在同一屋檐下的情景；想到我和两个哥哥之间存在着十七年的代沟，而玛里琳又经常和她妈妈住在一起的事实,看来我们是真的很难在一起相处吧。周末或是放学的时候，杰基都会和伙伴一起玩，而我通常会和爸妈在一起，或是自己一个人。作为家里唯一的幼儿，杰瑞和多特把我宠坏了。尤其是父亲，每次从酒馆回家，他都会从报刊店给我买本连环画。圣诞节和生日的时候，杰瑞会带我去高霍尔本的一家比蒂斯玩具店，让我坐在外面的窗台上，这样我就可以把鼻子贴在窗玻璃上往里面看。

“天哪，爸爸，可以给我买神秘博士塔迪斯嘛？”我边兴奋地朝他喊，边朝里看架子上闪闪发光的蓝色玩具。

“当然可以了，儿子，一会儿就给你买！”杰瑞会说。他的回答永远都是“好的，儿子”，从来不会说“不可以，我们买不起”。无论我们家的处境怎样，只要我想要的，我就必须拿到手。有次他花了一百英镑给我买了个远程遥控坦克——这在当时是很大的一笔钱了。当他慢慢地走进商店，语气平静地问店员是否可以看一下橱窗里的玩具的这一幕，总是让我惊叹不已。

“看呀，约翰，我给你买到你想要的玩具了。”他走出商店对我说道。在那个时候，我就从装这个玩具的破旧、褪色盒子可以看出，玩具是折价出售的。不管怎样，每个他买给我的玩具，对我来说都是最特别的。

作为家里最年幼的孩子，我总能用自己的滑稽动作逗得多特和杰瑞哈哈大笑。他们都是开明的人，允许我自由地表达自己。通常，在去当地超市的路上，多特会带我去小区的公园里玩。那里的长凳上坐着许多慈善的老人，沐浴在阳光下。她会坐在这些人旁边，然后其中一个妇人会问我，我爸在哪里。

“在家，喝酒呢！”我答道，就好像我是这些老妇人中的一员，而杰瑞是我的丈夫一样。

“你爸爸长得什么样？”另一个会问。

“他就是一个老不死的。”我满脸坏笑地答道。我以前也被经常这样问，我的回答总能引来一阵咯咯的笑。听着我这样的一个小男孩像一个码头工人一般地咒骂着，这样一段小插曲很可能点缀了她们一天的生活。

她们笑得越大声，我就骂得越厉害，直到多特把我拉走。

我们走远后，我还是能听见她们的笑声；这些话也让多特狂笑不止，尽管她说不喜欢我这样做，但我知道她很喜欢。他们就是这样，只要我做得不是太过分，他们一点也不介意。

没过多久我的咒骂变得频繁起来，以至于成为了我的一种习惯，我当时甚至并未意识到这种习惯。现在，为了让乔治跟紧我，我经常在街上冲乔治喊道："过来，你这个杂种！"我都是对着喜欢的人才这么说，这纯粹是一种玩笑。它通常用一种厌烦的表情看着我，仿佛在说："有这必要嘛！"不过，它说得确实很有道理。但是，如果你像我这样一直咒骂的话，也会成为一种根深蒂固的习惯。

星期六，我、妈妈和杰基会去天使小教堂附近的教堂街。这个集市如同《只有傻瓜和马》节目中的集市一样，一派生机盎然，熙熙攘攘，人也跟电视上的一样。我们每次去做的事都一样：妈妈和杰基去玛莎百货和博姿，然后逛一下超市周围的摊点。最后，我们会在Manze's（伦敦一家供应馅饼和土豆泥的老字号）买馅饼和土豆泥。在我差不多五岁的一个特殊日子里，我们一下巴士，我就嚷嚷着要吃馅饼和土豆泥。

"妈妈，妈妈，妈妈，我要吃馅饼和土豆泥。"

"还没到呢，约翰。"

"我现在就想吃馅饼和土豆泥！"

"好啦，约翰，一会就给你买，你耐心点……好不好？"

我嚷嚷地越来越大声，这让当时十三岁左右的杰基羞愧难当，恨不得找个老鼠缝钻进去。

“妈妈！我想要吃该死的馅饼和土豆泥！”我仍然大声喊道。

我变得歇死底里，拽着多特的衣袖，不肯再走一步路。

“听我说，你这个蠢货！我想要吃该死的馅饼和土豆泥，现在就要！”

我使劲跺着脚，完全发疯了，半个集市的人都朝我看过来，盯着我看。

母亲看了一下四周，然后悄悄对杰基说：“假装我们和他不是一起的，小杰！我们把他扔在馅饼和土豆泥店里吧。我们先走，一会再来找他。”

一个身形瘦小的老妇人看到我现在的样子，朝我走过来问道：“你怎么了，亲爱的？”然后鄙视地看了母亲一眼。

“滚开，别管闲事。”我没好气地回道。这时我妈突然笑出声来，直接飞快地把我领到馅饼和土豆泥店：很显然，没有什么能阻止我大喊大叫让她和杰基丢人现眼。

星期天是看望奶奶莱恩——杰瑞的妈妈的日子，她住在肖迪奇区，离我们住的地方并不远。她养了一只八哥叫杰克，这只八哥有一个非常有趣的习惯就是：模仿她老朋友和已经死去的亲戚的话。奶奶莱恩通常会给我五十便士零花，然后在她家玩一个小时后，我们就会离开去布里克巷贝思纳尔格林路的星期天跳蚤市场。这里以出售出故障的电子产品而闻名，你该庆幸没有被在这里买到的设备电死或把自己的家炸掉。有次，奶奶的朋友在这里买了只会唱歌的鸟，结果发现鸟喙下部早碰掉了，这只鸟一个音都发不出来；后来，她去找兽医看看到底出了什么问题，结果人家告诉了她这个不幸的消息。

这样的事多得很，在跳蚤市场上付钱碰运气的事比比皆是——但这阻止不了人们仍然一窝蜂似的拥向这里，享受着这里的熙攘喧闹，期望买到便宜货。这里总是挤满了人，我见过穿着克龙比式大衣和马丁大夫鞋的光头党在布里克巷和贝思纳尔格林路的交叉路口处卖民族阵线报纸，警察站在他们面前组成了一圈警戒线。

我喜欢这里主要是因为我总能吃到炸苹果饼和买到斯克莱特街的二手连环画。我可以选购美国 Marvel 和 DC 公司出品的旧连环画——如蝙蝠侠和超人等——但我唯一感兴趣的是临摹连环画。

从市场回到家后，我在卧室里一坐就是几个小时，忙着用铅笔和纸临摹里面的人物，画出人物的面部表情轮廓和肌肉动作。我对阴暗部分尤其在意，甚至连微小的细节都不放过，平衡画作的灰部，尽可能使我的画与原作一模一样。如果出现一点失误，我不会想着擦掉再画，而是重新再画一张。几个小时后，我的卧室里到处都是揉成一团的画纸。在没画完一幅画（包括每一个微小的细节）并掌握连环画画家使用的技巧前，我是不会停下的。画画的时候，我不允许任何人或物来打扰我。

第三章

在我差不多五岁的时候，杰基就开始晚上跟着妈妈出去帮她打扫佛里特街和托特纳姆法院路的办公室了。这样，家里就剩下我和父亲在一起了。十次之中有九次，他直接在扶手椅里睡着了。我通常都是看看漫画，然后画几幅画或是看下电视。但是，杰瑞由于下午喝了几品脱黑啤，因此早在扶手椅上失去知觉，呼呼大睡了，不一会儿我也开始无聊起来。

对于一个独处的小男孩来说，公寓并不是一个多么有趣的地方。在不画画的时候为了消磨时间，我常常透过壁炉附近每一块光可鉴人的瓷砖看着自己，研究一下多特从产品目录上买的、放在壁炉架上的红木摆钟的指针。但那也只能让我新奇一会儿，而前门外的花花世界则让我好奇不已。

有天晚上，我终于决定出去散一小会儿步。为了不吵醒杰瑞，我用垫子捂住他的耳朵，拉过一把椅子靠在临街门上，把锁滑下，轻手轻脚地飞快跑出去。我在房子外的走廊上来回游荡了会儿，最后终于鼓起勇气决定走远一点，向着公共楼梯间进发。巧合的是，一个住在收费公路住宅里的叫大卫的小男孩，年纪比我稍大些，当晚也成功地趁他父亲不备时溜了出来。我刚下几层楼就在一个垃圾斜槽那里遇见了他。在看到对方后，我们相视一笑。

“你还好吗，约翰！”大卫大声问我，然后又偷偷摸摸地问我想不想去地下停车场。

“好呀。”我小声回答道，我们两个人蹦蹦跳跳地下了楼梯，勾肩搭背、低声悄语、呵呵傻笑地走着。

停车场本是供本住宅区住户停车用的，但也有其他许多用途。十几岁的男孩可能会带着自己的女朋友来这里耳鬓厮磨一番；而吸胶烟的人则躲在黑暗的角落里，像一群猩猩一样向对方咕哝着，他们已经蠢笨得连话都不会说了。警察知道停车场这里的情况，他们随时都会出现在这里，吓得吸胶烟的人四散奔逃。当然总有一两个落网，被拉回家里，警察把散发着胶臭味的脆性空袋扔在其父母面前，让他们丢尽了脸面。附近伦敦城市大学的学生过去常常在学期末把停车场洗劫一空，开着偷来的车回家度假去了。我们小区的居民通常到停车场开车的时候，才发现前天的停车位上只留下一摊油渍。

在这个与众不同的夜晚，当我和大卫来到停车场的时候，他直接朝一排闪闪发亮的车走去，眼睛盯着一款漂亮的红色镀铬福特科迪纳。我并不认识这款车，但大卫记得这辆他要点火的车。别问我为什么——我一点也想不起来——但当大卫拿出一盒火柴，看了我一眼，让我从垃圾箱找些旧报纸和垃圾时，我竟然没有反对。我当时可能就把它当成一个乐子。我猜我们都太年轻，要不就太蠢，根本没有想过这样做的后果。

后来，我们一起把所有的报纸和垃圾都堆在科迪纳车底下，然后后退，大卫小声说："我们把它点着吧！"我划着一根火柴，把它扔到报纸上。起先，火并没点着，后来我又划了好几次，把它们都扔在车底下。过了一会儿，烧起一簇小火苗，随后一辆警车出现了，两个膀大腰圆的警察从车上下来。

"喂！你们两个！你们在干什么！是你们把火点着的吗？"其中一个说道。

大卫和我都僵在原地。我从未闯过这么大的祸，虽然我以前见过警察来我们小区，但我从未想过有一天会被警察抓捕。我吓得汗毛直竖。在我们还没反应过来的时候，警察已经把火扑灭了，把我们两个绑到巡逻警车的后面。

"送你们两个回家吧。"他俩说，当车向着出口开去的时候，大卫告诉警察根本没必要出住宅区，因为我们俩住的地方就在停车场上面。他看起来比我自信多了，一点也不害怕的样子。我坐在车里，双眼紧闭，想着接下来我父母会怎么说怎么做。实际上，就在那时，大卫突然在车后边开始咯咯傻笑起来。

"你笑什么？"其中一个警察转过头盯着大卫盘问道。

"笑他，他吓出屎了。"大卫笑着指着我。

"啊，他没有，是不是？"这个警察说着，朝我探过来，闻了一下。

“哎呀，见鬼，他真拉了。真是活该！”

接下来，我回过神来后，已经是在总统住宅区的电梯里了，感觉就像被押往监狱，而不是回家。

杰瑞被两个警察敲门的声音吵醒后，大发雷霆。我本就不该在晚上这个时候出去，更不用说企图将一辆车点着了。更糟的是，我吓得屁滚尿流，抖如筛糠！

当那两个“邋遢佬”（他这么称呼警察）走了以后，杰瑞对我咆哮起来：“你这个小杂种！你等着吧，等着你妈回来收拾你，你这个小混蛋。”他把我带到卫生间，用马桶刷使劲地刷遍我全身，期间不停地对我大喊大叫，把我骂得狗血喷头。我多么希望现在骂我的人是妈妈，这样我受的责难会轻一些。但当母亲稍晚些回家，杰瑞告诉她我的所作所为后，她把我的耳朵拧了一圈，疼得我不行。

他们的唠叨没完没了，至少整整持续了一周。每天都是对着我大喊大叫，一阵咒骂，直到我上床睡觉才停歇；第二天早上一起床，就又开始了。当他们把我锁在卧室里，我只能靠画画消磨时间时，我无意中听到杰瑞和多特向马尔科姆、大卫和杰基抱怨我变成了一个小泼皮无赖。哥哥姐姐像以前一样坚决为我辩护，但不幸的是不久我就又让他们失望了。

距上次事件大约一个星期后的一天晚上，百无聊赖的我决定在公寓附近走走，心里想着：“如果上次没走远，也没做蠢事的话，我现在也不会这么倒霉。”因为在酒馆喝了好几品脱的苹果酒，因此杰瑞一回家就倒头睡着了，鼾声打得比任何时候都要响。我踮着脚尖从他身边走过，嘎吱一声打开门再虚掩上，然后从楼厅跑出去。我漫无目的地在走廊、走道里逛了一会，想着怎么打发这无聊的时间，然后就碰见了两个年龄比我大的男孩，泰利和德里克。他们约十三四岁年纪，穿着破洞T恤，与当时小阿飞的打扮别无二致。他俩趾高气扬地对着我吹嘘各自的“光辉事迹”，而我对他俩的敬畏之情也油然而生。

“都这么晚了，你在外面瞎逛什么，约翰？”泰利问道。

“我爸喝得烂醉如泥，我就是出来散散步，仅此而已。门还虚掩着呢，我一会就回去。”我自认为成熟地回道。

他俩迅速交换了个眼神后，泰利说道：“那好啊，我们俩送你回去吧，好吗？”说完就不容我推拒地坚持送我回家。他们的样子让我害怕。而且我也有点担心，因为自上次的事情后，如果杰瑞知道我又在外面瞎逛，他铁定火冒三丈。

“你们不会告诉我家老头，我在外面瞎逛的事，对吧？”我说道。

“怎么会呢，肯定不会的，约翰。我们只是想把你安安全全地送回家而已，别担心。”

他俩推开我家的临街门，同我并肩进屋。看到杰瑞仍然睡得死死的，他俩非但没走，其中一个竟然开始翻起居室酒柜里的东西来，他把一瓶哥顿金酒装在了自己的口袋里；另一个跪在杰瑞旁边，偷偷地把钱包从他裤兜里掏出来。而我只是默默地站在角落里，看着眼前的一切，什么也不敢做。我多想大喊一声，叫醒杰瑞，告诉他有小偷。但我不能这么做，不然杰瑞肯定就会知道我出去的事情了。

他们没待几分钟，就打算走了。临走前，其中一个男孩撞到了梳妆台上，把里面的玻璃瓶撞得叮当响。就在这时，杰瑞醒了。他一睁开眼睛，看到这两个男孩，就从椅子上跳起来，抓住离他最近的一个，也就是泰利。杰瑞抓住泰利的袖子，防止他走脱。但德里克却逮住机会跑掉了，连头都没回一下。逮住泰利后，杰瑞一句话也不说——他只是上上下下地打量泰利，狠狠地抽了他一嘴巴子，然后就让他滚蛋了。后来我从小道消息听说：几天后，我哥马尔科姆找到德里克，把他好一顿胖揍。泰利和德里克的父母也没有上门找碴——这在当时都是习以为常的事情。做错了事，就得接受惩罚，谁也怨不得。

不出意料地，我又彻底成了众矢之的，但至少这次我不是一个人在“孤军奋战”，另外两个男孩比我麻烦多了。虽然如此，杰瑞也没对我放松，整晚对我呼来喝去，骂我这个白痴竟然会跟那两个人渣混在一起。我试图解释事情不是他想的那样，但他根本不听。现在回想起来，我才知道从那时开始，杰瑞对我的态度就有了改变。虽然我仍然年少，但我猜他肯定已经觉得我不值得信任了。

大约就在这段时间里，我开始到莫兰德小学上学。学校在高斯威尔路哥顿金酒厂对面，与我们家仅一街之隔。如果多特在厨房水槽那里洗餐具时向外看的话，一眼就可以看到我们学校的运动场了，但这后来对我来说也是一件祸福参半的事情。由于我整天吃薯片和糖果，不爱运动，大部分时间把自己关在卧室里画画或是窝在躺椅里看电视，因此我当时长得胖嘟嘟的。以前我真的没有意识到自己是个胖子，但入学后我的体重突然开始真正让我头疼起来。妈妈和杰基的身材都很苗条，但杰瑞却长得五大三粗的，家里其他几个人往好一点说就是“体型健壮”。我的身材一直都属于后一类型，在家里我从来不用担心自己的身材或是感觉自己有什么不同。但是现在，一切都变了。跟我们班那些身材正常的五六岁同学相比，我简直就是个大胖子，对自己的身材我开始别扭起来。放学回家后，我就问妈妈是不是觉得我很胖，但她只是一笑置之，还略带自豪地说我只是在“长大”。

学校里的孩子们很快学会了用其他词来称呼我，如“那个胖子”“胖墩”或“大胖阿巴克尔”——无论哪一个绰号都出自他们听到过的胖乎乎的卡通或喜剧人物。 此外，还有“干草垛巨人”“大老爹”等绰号，每次在星期天早上看到摔跤节目时，这些绰号就在我脑子里打转。

很快，这种校园暴力变得越来越频繁，我也越来越讨厌上学。因为我患有哮喘，因此体育课对我来说也是一种折磨。只要练习上两分钟，我就上气不接下气了，简直把内脏都要咳出来了，就像一个老家伙一天抽了四十根烟后的感觉一样。即使这真的让我吃不消，我也不会告诉学校或家里的任何人，我受到了糟糕的校园暴力。七十年代不像现在，学校里有心理咨询和生活辅导中心——那时学生必须自己挺过难熬的时间。

多特明显知道我有多胖，也知道我有多在意自己的体重，但是无论我想吃什么，想在什么时间吃，她仍然不会阻止我。即使我中午已经吃了一大盘土豆泥排骨和一把奶油冰淇淋饼干，她也总是任由我在下午吃一袋或一包十便士的薯片或糖果。

我想到妈妈这样做的其中原因就是：我爸妈都是在战争时期出生的孩子，他们在 1939 年才刚出生几个月战争就爆发了。战时限额配给的日子，让他们像这一代的大多数人一样记忆尤深。他们认为随时让孩子能吃上零食就是对孩子最大的好了。那时候，从来没有人会实行节食计划。我觉得多特可能会以为我会随着年龄的增长和身高的增高自然而然地瘦下来。

“别担心，他只是个孩子——长大后就会瘦下来的。”这是我在那个年纪听得最多的话。这也是当时我父母互相劝慰对方的话，可惜事实并不总是这样。

放学后，我越来越喜欢在家附近探险。收费公路住宅附近的人和事让我着迷。在国王广场公园和公寓附近的街道上转转一直是大人对小孩子的训练。那时，父母对孩子多采取放养的态度。那时父母担心的问题也跟现在的父母不一样，现在最担心的就是孩子被陌生人拐走；对于陌生人，除了取笑他们怪异的行为外，我们根本不会害怕他们。他们中有许多人给我们的童年生活增添了笑料。

如果你在傍晚出门的话，很有可能会碰到从酒吧出来的奈莉。奈莉是一位上了年纪的老处女，她爱酒胜过爱男人。她通常都会大声唱着战歌：“漫漫长路哟，去蒂伯雷利；还有漫漫长路要走……”和音乐厅里其他的流行歌曲。

然后，她的歌声就突然被公寓居民从楼厅扔向她的酒瓶碎裂声给淹没了。“喂！安静点！给我小心点！”酒瓶碎裂后，就会听见他们冲她喊道。不知道为什么，瓶子里常装满了五颜六色的洗浴香料晶，而奈莉也似乎总是奇迹般地能够躲开瓶子，一次也没被打到过。

“再见了，皮尔卡迪大街！再见了，莱斯特广场……”

“砰！”又一个瓶子扔下来，碎了。

“漫漫长路哟，去蒂伯雷利……”“砰！”

“但我的心已经飞到了那头！”“砰！砰！砰！”

老乔·柯伦也是附近的一个人物。他是一位上了年纪的犹太绅士。据他说，他曾当过水兵，还参加过一次著名的二战战役，虽然他从来没告诉别人到底是哪次战役。他常骑着一辆非常时髦的自行车到处转；在大选的日子里，有时，更多时候是经常会看见老乔在高斯威尔路要道上拿着大喇叭、举着政治海报喊着竞选口号。

“支持工党！”一周的时间，他都在喊着这一口号。下一周就换成："支持民族阵线！"或"支持玛格丽特·撒切尔竞选首相！"

他也会随便点评一下国家时事。我至今还记得他喋喋不休地谈完诺丁山狂欢节暴乱，又聊哈罗德·威尔逊下台时的样子，就好像在讲一个故事一样。我永远不确定这两件事到底是不是有关联，但从当时周围听故事的老人脸上的滑稽表情来看，我不认为他说的话讲得通。

当然，让老乔臭名昭著的并非只有这么一件事。他还会翻找垃圾箱，然后喋喋不休地炫耀他找到的那些稀奇玩意儿：可能是一张他认为自己可以修好的乐队的磨损唱片或是一台损坏的厨房搅拌机，他会利用其中一些零件维修许多其他的东西。

老乔有许多的狗，遇到谁都要热情地把它们谈论个遍。天知道他是从哪儿找到这些狗的——它们大多都是流浪狗，而且还都是混种幼犬。但在这些狗到了一定狗龄，让他感到厌倦的时候，就会被他抛弃，仿佛它们是他在垃圾堆里随随便便找的废物一样。他会带着狗坐公共汽车或火车去东伦敦的温斯特，然后解开狗绳，任它们自生自灭。为什么要去温斯特呢，这我也不知道——我只知道温斯特距这儿差不多 25 英里左右，远到这些狗再也找不到回家的路。如果真的有狗奇迹般地找回来，据传老乔会把找回家的狗杀掉。现在回想起来，真的是恐怖至极。我一直很喜欢那些在公寓周围转悠的狗狗，而乔·柯伦的事却始终让我无法释怀。对于他的所作所为，简直让我难以置

老处女奈莉在瓶如雨下的晚上，高声歌唱。

信，特别是他在其余的时间里跟一个人畜无害的老头没什么分别。

我当时喜欢一条名叫马克斯的阿尔萨斯黑狗，它当时在伊斯灵顿简直就是一个传奇。我不知道它有没有主人，但你总能看见它在公寓附近晃荡，在楼梯井和公园周围来回转，屁股后面跟着一群邻居小孩。它是那么的朝气蓬勃、那么的完美，但它总是和一条邋遢的、毛色棕白相间的、名叫威士忌的小狗一起鬼混。威士忌可没这么讨人喜欢，鬼才愿意搭理它呢，一些大孩子甚至还会在它屁股上踢一脚把它赶走。就因为不受待见，威士忌变得有些神经质。我对它总是很同情，因此尽我所能地对它好一点，譬如拥抱一下为它打气，或是像现在对乔治一样摸摸它的头。有一天，当我听到马克斯和威士忌在一条繁华的老街区被疾驰而过的汽车撞了的消息时，我真是难过得不得了。我真的很喜欢跟它们一起跑来跑去的感觉。我不知道杰瑞是不是为我感到难过，还是只是因为我不停地谈起它们，但不久后我们家就养了一只叫布奇的杂种小黑狗。

布奇来到我们家的时候，我差不多十岁的年纪。因为都是我一直带它出去散步，在家陪它玩，因此它几乎立刻就成了我自己的狗。很快，我开始着手训练布奇，教它一些把戏：坐、站和捡球——虽然很基本，没什么特别之处，但是对我来说却是乐趣无穷。于我，布奇无论怎么看都是一条很有趣的狗狗。当然，一开始的时候，它也不是真的就叫“布奇”！我想无论是谁给它起的名字，都会大笑一番的。布奇是一只有些惊惶又敏锐的小狗，如果你在它眼皮子底下攥紧拳头，那么它立刻就会炸起毛发，狂吠起来。对于布奇来说，最美好的莫过于带它散步了。周末或学校放假的时候，我常常会早早地起床，匆匆吃点早点，然后就带布奇围着伦敦金融城或是在当时新建的巴比肯村各处转悠一早上。布奇是一只很漂亮的小狗，每个看到它的人都会过来拍拍它的头，夸赞它一番。每次带布奇出去，我除了想接下来要走哪条路外，从未费心想过其他事情。校园暴力、过度肥胖或是最近跟父母之间的摩擦全被抛到了九霄云外，只是徜徉在自己的世界里和铺满黄金的伦敦街头。这就是我年幼遛狗时的切身感受。

第四章

从前，一切都很简单、快乐——如果不算上学的话。我们家无疑很穷，住在市建住房群中的一栋房子里，但是那里的阳光比其他地方的都要明媚。那时候，我最喜欢市政府的游戏货车出现在我们公寓附近的日子。在三两个胖乎乎的年长女孩的围观下，货车停在了国王广场的草地上，所有附近公寓的孩子们像蝗虫一样一窝蜂地围拢过来。两个女人从车上下来，拉下车两侧的挡板，露出里面的爬绳和塑料胶带，这样的货车看起来就像一个超大的婴儿分类机。然后她们在货车旁边放一个大型充气垫，我们这些孩子必须使劲蹬地才能爬上去。充气垫有两个双层巴士那么大，只有足够坚强的孩子才敢上去，而不会临阵脱逃。一旦爬上去后，你就可以弹跳到天上去。我们当地从来没有游乐场，但我们也不需要：这个充气垫就是我们自己的充气城堡。

游戏卡车刚来没多会儿，你就能听见远处雪糕车的铃声。等雪糕车近了，所有的孩子都从卡车上跳下来，跑到妈妈那里要十便士去买个火箭冰淇淋或超级筒吃。其他孩子则会注视着收费公路或总统住宅区的高层建筑，对着窗户里大喊大叫，试图引起自己母亲的注意。

我也不例外，有一次我向正在草地上晒日光浴的大卫走去，问他能否给我钱买一个奶油冰淇淋。

“一味索取的人，永远得不到；不会索取的人，根本不想要。”他答道。

我站在那里，一头雾水，一点也不明白他的意思。毋庸置疑，那天我根本没要到钱，更别说买冰淇淋了。我只能坐在长凳上，看着其他孩子大快朵颐。然后，我挠了挠头，还是不明白大卫的意思。

在接下来的日子里，我们所有人都会玩士兵打仗的游戏。有的小孩有其他住宅区自行车棚的钥匙，我们在破门而入之后，其中一个小孩就假装自己是长官，另外两个则要按长官的命令齐步走或在车棚里听从指挥。有时候，我们也会坐在一起听收音机，在电台播放自己喜欢的音乐（如英国乐队巴格斯的《录像带杀死广播明星》）时，我们也会一起跟着唱。

那时候，六十便士可以在糖果店里买到一线红色巴士巡回票，拿着票你随便坐哪辆巴士都可以。我们通常会爬到老式“马路主人”双层巴士的后面，坐到几英里开外的地方，来一趟伦敦自助游，参观一下伦敦地牢、贝尔法斯特号巡洋舰和泰晤士河上的皇家节日音乐厅等。

如果一不小心花光了兜里的钱，我们会玩易拉罐汤米的游戏，这是一种介于追拍和捉迷藏之间的游戏。由于体重和哮喘的原因，我经常跑得喘不上气，费半天劲才能追上其他小孩。尽管那时候经常跑来跑去，但我仍然很胖，腰上有游泳圈，还有双下巴或三层下巴。我九岁的时候，相比同龄小孩，我的体重达到 13 英石（相当于 82 公斤左右），更别说我当时只有四英尺高了。对于校园暴力，其实我也没做什么抵抗，因为我知道：我越是反抗，后果就越严重。后来就靠吃东西来缓解压力，薯片、糖果、冰淇淋、袋装薯片等等我能吃到的东西。有一天，我假装生病想方设法逃学时，听到外面一阵骚动，好奇之下我跑到公寓窗户边上往外看到底发生了什么事。在收费公路住宅楼的楼顶上竟然有一个影片摄制组在拍平克·弗洛伊德的 MV《墙上的另一块砖》。我坐在窗户旁边，看着他们拍摄，感觉就像是我也是 MV 里的一个角色一样，一边又幻想着自己是好莱坞电影里的巨星。当然，我在电视上看过这部 MV 好多次，但每次听都能够让人感同身受。我就像是罗杰·沃特斯歌里唱的那些孩子一样：学校对我来说是一堵墙。

回顾过去，看看为什么我的生活会变成现在这样，我猜你会说我根本就不是上学的料。我对数学和英语根本一窍不通，地理和历史也让人无聊得要死，我唯独对画画情有独钟。画画是唯一一门不用老师大讲特讲的课程。画画对我来说，就像是骨子里就会的东西，我天生就知道应该怎么画。显然，临摹过的那些漫画对我有很大助益，但我仍然觉得画线条和人物是一

种信手拈来的事情。以前在上自己讨厌的课程时，我都是靠信手涂鸦来打发时间，用铅笔或毡尖笔把脑海里闪现的东西（可以是某人的脸或布奇的素描或当天跃入我眼帘的东西）不停地画出来。

大卫终于意识到上学让我对自己的外表更加在意。他发现我站在镜子前，努力把自己的小肚子挤进去好让自己看起来更瘦一些的样子。当时，他什么也没说，但有一天放学后他突然来学校接我。我还没来得及说话，他就走过来说："我知道有人欺负你的事了，约翰，我知道你肯定不好过。以后我会带你去拳击俱乐部，这样你就可以学习打拳击了。"他告诉我说，只要我学会打拳击，就不用再害怕被人欺负了。而且，一旦他们知道我会打拳击后，就不敢再找我的麻烦了。他的话让我感动得想哭——有哥罩着的感觉，让我觉得好幸福。

我现在还记得第一次去俱乐部的感觉，非常害怕。在聚光灯下，一切看起来都那么的大，那么的僵硬。拳击台就在中央，当时上面没有两个大块头的家伙在朝对手猛击。我能记起来的另一件事情就是声音：打拳击时发出的低沉的声音。大卫给了我一副运动短裤和一个背心，然后又让我开始热身，这比让我死都难受，我要跳绳、跑步、做跳跃运动和仰卧起坐。其实，这让我有些窘迫不安，因为热身的时候他会不时看到我小肚子上的肥肉跑出来；但不一会儿我就投入专注起来，并开始在软沙袋上练习，然后是硬沙袋，然后是学习如何移动步伐。拳击是件苦差事，不一会儿我就气喘吁吁了，但我仍然坚持没有放弃。大卫对我强调步法的重要性，我也努力集中注意力，记住教练说过的每一句话。

“对，就是这样，好小子！与拳击共舞，像蝴蝶一样滑翔！”

小男孩时的我在练拳击。

拳击真的激励了我！大概在练了一个月（每周两次）后，我已经准备好上拳击台了。根据重量级（而非年龄），我的对手将是比我大四岁或五岁的孩子，只有超过十三英石的青少年的重量级才跟我差不多！我告诉自己要坚持到底，每打一次散打，我的信心就增强一分。不久我就幻想着能像《洛奇》里的席尔维斯特・史泰龙一样，在运动场上把每个曾经欺负过我的人打得真魂出窍。校园暴力已持续了太久，但我觉得我的生活终于出现转机，我开始对未来充满了希望。

第五章

在拳击俱乐部训练及在公寓无所事事的日子是我人生中最开心的时光。生活日常甚合我意，一切都顺风顺水。我对拳击越来越得心应手，我的步法也逐步提高。更让我高兴的是，我的体重也开始下降。当多特发现我的衣服都不再合身后，她心知肚明地对着我笑。即使她的清洁工作已经很繁重了，她也乐得把我的校服长裤改小。我觉得我才是对自己的转变最吃惊的那个人。我知道大卫肯定很骄傲，他总是很照顾我。就算是通常最缄默的杰瑞也开始喜欢称呼我“冠军”。

“儿子，过来，我有话对你讲。”有一天父亲对我说道。

他的声音像砂石滚动般洪亮，很快我就意识到这肯定不是一个关于拳击或是漫画或是布奇在家里行为不端的谈话。我觉得他也不是为了斥责我才找我谈话，肯定不是——但是从他说话的语气来判断，我立即觉得肯定要说什么大事情，但猜不出来到底是多重要的大事。

我是在放学回家路上，从俱乐部出来后遇见杰瑞的。以前，他偶尔会带我去街角的报刊店买本漫画，然后回家一起坐在起居室的地板上，他会挑出其中一个插图让我画。在我画画的时候，他从来都不吵。看到我继承了他绘画的天赋，对他来说已经足够了。

原先在去报刊店的路上，他通常会问我想要买哪本漫画。我当时真的很迷《特警判官》漫画，所以不假思索地脱口而出。但这次他带我去报刊店的路上，他真的很沉默，只留下“有话对你讲”这句一直萦绕在我的耳边的话。

“什么事，爸爸？到底什么事啊？你要告诉我什么？”我跟他并肩走着问道，我实在忍受不了这种沉默。

“对不起，儿子，我真是老糊涂了。你现在还太年轻，什么都不懂。等你再大一点的时候，我再告诉你吧。”他一边说一边又原路返回去了。

我现在是一个拳击手，一个勇士——我已经足够强壮，足够成熟，对于任何挫败，都可以承受。

“说吧，爸爸！到底是什么事？你不能现在告诉我吗？求求你，告诉我吧，爸爸！这不公平！”

他摇了摇头，然后低头想了想说：“不，儿子，等你再大一点的时候，我就告诉你。”他的态度变得果断坚决起来。他重复着不住地强调道：“等你再大一点的时候，等你再大一点的时候，我就告诉你，好不好？”

不好，不好，一点也不好！我在回家的路上，上楼梯的时候，在走廊里一直缠着他，拜托他告诉我。

“告诉我吧，爸爸，求求你！爸爸，爸爸，爸爸，求你了！该死的，快告诉我吧。”

这时，他停下来看着我，我想这下麻烦大了。但开门时他轻声道：“好的，儿子，就告诉你吧。”

我一直竖着耳朵等他讲，但直到我们进了屋，跟厨房里的妈妈打了招呼，走过起居室，进了卧室后，他才关上门，让我坐在床上他的旁边。然后，他摘下帽子，轻轻揽着我的肩膀，使劲抱了我一下下。他从来没有做过这个动作，他从来就不是感情外露或是表露内心情绪的人。我感觉自己的心跳越来越快，我竭力调整呼吸，让自己警惕起来，因为我隐约知道他要说的绝对不是什么好消息。我父亲深吸一口气，开始准备讲话。

“儿子，是这样的。你知道我是你爸，你妈是你妈，是吧？咳，我真不知道该怎么说，但我们并不是你的亲生父母。我的意思是，我们其实是你的外公外婆。你知道我说的是什么意思吗，约翰？”

时间静止了。我唯一能做的就是看着他的眼睛，一眨也不眨。我心跳如雷，努力想装着一点也不害怕，但眼泪却控制不住地在眼眶里打转。为什么他要编瞎话？我到底做了什么事情才会让他对我说这样的话？他怎么能说他不是我爸呢？

“这不是真的，你在撒谎！这肯定不是真的，是不是，爸爸？”犹如过了几个小时后我才说道。

“我很抱歉，约翰，我没有撒谎。我真的很抱歉，现在才以这样的方式告诉你。但是你真的不用担心，一切都没有什么不同，一切也不会改变。我们仍然会爱你如昔。实际上，我们会更加地爱你，因为对我们来说，你是如此的珍贵。”

他说的话，给了我重重的一击，正中腹部。我知道他说的一定是事实。

我震惊得说不出话来，我甚至想不起来问问或尝试搞清楚到底谁才是我的亲生父母。我震惊的是他们竟然不是我的亲生父母。

在我哭得把鼻涕眼泪都蹭在校服衬衫上时，杰瑞继续说，他揽着我，我的肩膀哭得一抽一抽的，难以控制，我被击垮了。

“你知道玛里琳姨妈吗？”我竭力听着他说话。

我点了点头。我当然知道玛里琳姨妈。我并不常看到她，但她不是我的姐姐吗?

“咳，玛里琳姨妈就是你的妈妈。”他平静地说道，就好像这是一件最稀松平常的事儿了。

我彻底抓狂了，控制不住地放声痛哭起来，眼泪禁不住狂飙。

“不，这不是真的，爸爸。这不可能是真的，你才是我的爸爸。”

玛里琳是杰瑞的女儿，所以她肯定是我的姐姐，不是吗?她一定是我的姐姐！我彻底困惑了。

“对不起，小家伙，这是真的。但就像我说的，这不会改变任何东西，你现在是，将来也会一直都是我最年轻的儿子。”

玛里琳的样子映入我的脑海，我甚至能看到她圆圆的脸上带着笑容，她短短的黑发，她纤细修整的眉毛。她经常把眉毛拔得很细，因为这是八十年代早期的时尚。但我一直都觉得这很诡异，竟然会有人把眉毛拔掉。我长得像她吗？我不知道。我现在根本无法思考，我甚至记不起最后一次见她是什么时候。

无论她是谁——姨妈、姐姐或是妈妈——我都一点也不了解她。而且此时我一点也不关心。对我来说，她就是我们家里飘进飘出的一个人，一个家人让我称之为“玛里琳姨妈”的人。她从来未对我表示出特别的关注或是爱意，她甚至从未在我生日或是圣诞节的时候出现过。有时，我甚至认为她根本没注意到我的存在。

“我要回她那里吗？”我抽搐着问道，我甚至不知道“那里”是哪里，因为我从来没去过玛里琳家。在我还小的时候，我知道大部分时间她和她妈住在伦敦的另一边，但我一点也不知道她现在住哪儿。我现在差不多十岁了，那她肯定有二十六岁了。她过着跟我们家里的几个人完全不同的生活，而我对此一无所知。

“不，你在这里过得很好。你妈妈很爱你，但你当然不用去她那里。”

多特出现在门口——或者她可能一直都站在那里，我也不清楚。她的金色卷发垂在肩头，我记得我当时还在想她一点也不像我外婆。多特一点也不显老或显得体弱，像平常一样，她穿着一件宽松的长羊毛衫，腰上系着一条花围裙，但她真的不像外婆。她就像一个妈妈，我的妈妈。

“杰瑞！你在干什么？”

“他总有一天会知道的。”

“这我当然知道，但为什么是今天？而且为什么你告诉他的时候，我不在身边？我们从来没这么说过！”

我知道杰瑞肯定被问得哑口无言。现在他肯定觉得终于说出来了，一块大石落了地。玛里琳是他的女儿，我猜他可能觉得自己终究有责任说出真相。他的地盘，他说了算。我一直在哭，杰瑞一边告诉我这些秘密一边用手抓住我的肩膀。

我实在记不得他是具体在何时抑或是以何种顺序告诉我这些秘密的，但他就是以这样的方式告诉我，我是如何出生在这个世上的。

玛里琳一直在挑拨杰瑞和多特之间的关系。她在十六岁的时候从她妈妈家离家出走了——反正杰瑞至少有三个月没有见到她。她最后出现的时候，肚子鼓鼓的，像是怀了七个月的身孕。

她当时的男朋友叫吉米·多兰。这个名字听起来有些耳熟，我记起来我在公寓有好几次都见过这个人。我从来不知道他为什么来这儿或他是家里谁的朋友；他只是我们全家都认识的一个叫吉米的家伙，而且我记得大家好像从来没有欢迎他来我们家的意思。我记得当时家人让我称他为“吉米叔叔”，但我知道他并不是我的亲叔叔，因为家里人根本没有张开手臂欢迎他。

杰瑞告诉我，玛里琳不想和吉米组建家庭，而她自己又太年轻，根本没有能力抚养我。后来，他们一致决定让她把孩子生下来，然后再把孩子送人领养。玛里琳在哈克尼综合医院生下我，杰瑞清楚地表达了他的立场，就是：玛里琳生下我后，他只一眼就喜欢上了我，尽管我是病房里最吵闹的孩子！“她根本就不会把你送去领养，约翰——根本不可能。”

“这也是我和你妈决定收养你的原因，我们根本不愿把你送给别人。”杰瑞说道。

以前我从没有问过，为什么我是家里面唯一一个姓氏为多兰的人。现在想想，确实挺让人吃惊的，我猜当时可能太年幼，根本不会想到这种事情。如果我再大点，可能就会开始问这些让人尴尬的问题了，这可能也是为什么杰瑞告诉我这些事情真相的原因。

事情太突然，我一时无法接受这些事实。我的爸爸实际上是我的外公；他的女儿实际上是我的妈妈；我的妈妈实际上是我的外婆。那马尔科姆和大卫是我的什么呢？过去他们是我的两个哥哥，可现在呢？他们是什么？我的舅舅？我决定不再纠结，我才不要把他俩当作我的舅舅呢。他们两个永远都是我的大哥哥，杰基也永远都是我的大姐姐。没有人可以把他们从我身边夺走。

想到这些，感觉一切立马恢复了原样，而这也是我努力想维持的东西。我从未对任何人说起过这些事情，因此从未有人对我说过什么，而这也是我努力想要忘却的事情。

“一切都没有什么不同，什么也没有变。”这是杰瑞对我说的话，我希望他是正确的。当我心中觉得异样的时候，我就不断这样对自己说，直至这种感觉消失。

和以前一样，我带布奇散步，练拳击，遭受校园暴力，在同一张桌子上吃饭，在同一间卧室里睡觉。

如果看到马尔科姆或大卫走向总统住宅区，我会骄傲地告诉伙伴们“那是我哥”，或是说：“我姐姐杰基今天晚上照顾我，因为我爸妈都出去了。”一切都没改变，对此我坚信不移。有天我无意中听到杰瑞在电话里告诉玛里琳说他已经把一切都告诉我了。“我必须告诉他。”杰瑞严厉地说道。

此后，大约有五六个月的时间我没有看到玛里琳来我们家，这是很正常的事情。在她终于来了时，我对她也没有另眼相看，而她也没有任何反常。我仍然叫她玛里琳姨妈，她也从未对我提及任何过去的事情。对此，我很高兴，但不幸的是很快我就高兴不起来了。

我感觉没过多久，杰瑞又来找我谈话，严肃的表情和那天我坐在床边听他讲那些话的表情如出一辙。我的心立刻又揪起来。

“儿子，有件事我必须要说。”

“什么事？”我紧张起来。我差点想用手堵住那些他要说的话。但是我没有这么做，我紧抿着嘴唇，心惊胆战地坐在那里听着。

“儿子，我想让你知道事实的真相，而不是从别人那里听来的闲言碎语。”杰瑞说。

我们有一个邻居一直在说，隔壁家的老底就快被揭出来了。杰瑞深吸一口气，把手臂搭在我的肩膀上，如同那天他告诉我那些秘密的时候一样：“你姐姐杰基也是领养的。”我认真地听他说着每一句话，在他以一种残忍的方式把杰基的事情告诉我后，我的眼睛瞪大了。事实上，在听到我不是家里唯一一个领养的孩子时，我有一种如释重负的感觉。

就像杰瑞说的，这无关紧要，这改变不了什么。我现在又知道了真相，这只是另一个家庭的秘密，我应该尽快把它忘掉。于我，杰基过去是，现在仍是我的姐姐。

生活又恢复到原来的样子——我日复一日地告诉自己，直到连我自己也深信不疑。

第六章

在杰瑞告诉我这些秘密不久，我就起了逃学的念头。如果你问我当时为什么要这么做，我可能会回答说：“我受够了校园暴力，再也受不了了。”事实上，我的确在学校受到严重欺凌。但现在回想起来，我敢肯定那些有关家庭的秘密确实对我产生了影响，这种影响现在仍然存在。我不停地拒绝接受事实，甚至在更多时候想要逃离这种现实——学校是容易逃离的地方。我仍然很胖，吃得也和以前一样多；感觉我在拳击俱乐部甩掉的那些肉，又被我全都吃回来了。有几周我都没有去打拳击，而且每天都暴饮暴食，所以我没有一夜之间变成洛奇也并不令人吃惊。学校里的那些恃强凌弱的人也没让我忘记，我仍然是个胖子。

逃学看起来简直就是一个完美的点子：我不上学的话，就不受欺负了，所有的问题也都迎刃而解了。与我同龄的孩子都没有翘过课，像我这样的小学生逃学简直就是闻所未闻，但我却真的做到了。白天，多特和杰瑞都在上班，杰基那时也在上大学。我也已经不是小孩子了，可以自己去上学，所以逃课简直就是家常便饭的事。

我照例在8:50穿着校服离开家，跟布奇道别后直接朝总统住宅区的顶楼走，而不是顺着楼梯，穿过马路到学校。留意背后两个方向，幻想自己是《警界双雄》和《胡克警探》里的某个狡猾角色，然后沿着走廊飞跑到楼顶，这样就不会有人发现我的藏身之所。

许多年龄稍大些的男孩子晚上常在楼顶吸大麻烟卷，但在白天则有些冷清。一到楼顶，我就蜷曲着身子，把手枕在书包上睡到自然醒，或是拿出钢笔和铅笔，看着云卷云舒，信笔涂鸦。每天我都重复地做着同样的事情。如果天气变冷，我也不会介意，只要不在学校就可以，学校是我唯一讨厌的地方。尽管我不喜欢学校，只喜欢自己一个人待在楼顶，但问题是我必须找些事做来打发无聊的时间。因此，我开始找一些事做，让自己忙起来。

我注意到，送奶工每天大约在早晨9:30开始送牛奶，然后在各家门口至少放一瓶牛奶。一天，在楼顶睡了大概一个小时后，我沿原路往回走，把每个牛奶瓶捡起来，然后扔到大楼的另一边。我没注意把瓶子丢到了哪里，只是听见瓶子砸在楼厅和停放汽车的挡风玻璃上的声音。感觉自己恍恍惚惚的，随心所欲地做着自己想做的事情。我听见有些人从房子里跑出来，开始大喊大叫起来，我也不管他们，继续扔着瓶子。没人能看见我，就算看见，我也不在乎他们怎么看。但是突然，我听见大卫的声音，瞬间把我拉回了现实。

“约翰，是你吗？约翰！你现在最好祈祷不是你，否则，哼，你这个小混蛋！”

我能听见大卫上楼的沉重脚步声，而且他的声音也越来越近：“约翰，你听得到吗？！你在哪儿？约翰？是你扔的瓶子吗？！”

由于无处可藏，因此我捏着嗓子试图假装正在与小伙伴聊天。

“快来啊，约翰，快来，跟我一起扔瓶子吧，约翰，快点！”我用最低沉的声音喊着，假装小伙伴的声音。

“不！你快停下来，快停啊，”我用自己正常的声音高声回道，尽量装得很无辜的样子，“不要啊！我才不要这么干，你快停下来，停下来啊！”

场面真的很荒谬，我在假装小伙伴的时候，就继续朝大楼的另一面扔牛奶瓶；在我听到大卫即将拐弯时，就停止扔瓶子。

“你知道刚才那个疯子到处乱跑，还胡乱扔瓶子吗？现在他竟然跑路了。”我朝身后空空的楼厅看去，装着义愤填膺的样子说道。

“你在胡说什么啊，约翰？你才是那个到处乱跑的疯子，而且那个满嘴跑火车的人也是你！立刻给我滚过来！”

大卫的大手一把抓起我夹克衫的后衣领，用力把我从地上提起来，然后把我拖回家里。回家后，多特尽量挡着大卫，不让他打我。

“我不知道他为什么会做出这种出格的事情，我也不知道该拿他怎么办了。”在朝我屁股打了几巴掌后，多特哭着对大卫说道。

当晚杰瑞回家后，多特告诉了他我逃学和扔牛奶瓶的事情，他听后怒不可遏。他无法相信我会变成现在这个样子。他甚至不想问为什么，只是一再确认我是否真的这么做了。“你这个小混蛋，死胖子，竟然又敢做这么大逆不道的事情，你听见没有？听见没有啊？”他一怒之下不停地朝着我大喊大叫。

“对不起，爸爸。真的对不起，我也不知道自己为什么会这么做。”

“因为你就是一个小混蛋，这就是原因。再有一次，立马给我从临街门里滚出去。”

无论之前我做了多么十恶不赦的事情，无论是被警察带走还是让那两个孩子进门偷东西，他从来没有这么威胁我，说着让我从临街门滚的话。接下来他说的话一直回荡在我的脑海里:

“你现在已经明知故犯了一次，如果再惹麻烦的话，你就去跟吉米·多兰一起住吧——听见了吗？无论你住在哪里，是吉米·多兰家还是儿童院，我都不管了。”这是他第一次威胁我，说要把我送去吉米·多兰家，他的话彻底把我压垮了。虽然吉米是我的亲生父亲，但他对我来说仍然是个彻头彻尾的陌生人。一想到要跟他生活在一起，我就充满了恐惧，害怕得差

点吐出来。多少次我告诉自己，一切都没有改变，就连我自己差点都要相信了。但是杰瑞，这个我一直把他当作亲生父亲的人，现在竟然说他乐于见到我的离开。这件事之后，临街门对我来说就再没关紧过，因为我随时会被扫地出门。

我不得不说他的话很管用，为此我规矩了好一段时间，又开始恢复常态，小心行事，尽量不惹麻烦。虽然在学校仍然被欺负，但是我尽量避免让它困扰到我。小学毕业后，我升至基金男子中学上学了，学校在老街区环岛旁的高楼上。对于贫民区学校来说，这个学校规模已经相当地大了，校内男生约有五百名（十一岁到十八岁不等），学校以校风严厉闻名。我听到过许多关于去这里上学的大男孩的诡异故事，因此一直缠着多特不要把我送到那里去上学。

“你会没事的，约翰。你是一个强壮的大男孩了——不会有什么麻烦的。”她说道。

她的话一点说服力也没有。第一天走路去学校的时候，我紧张不安极了。真希望能够带布奇一起去学校，这样就没人敢欺负我了。

我拖着沉重的脚步来到学校，第一天大部分时间我都尽量避免让别人注意到我的存在，尽量避免上厕所，因为年龄大一点的孩子都会在那里玩闹。下午三四点钟的时候，我实在憋不住了。我永远也忘不了通往一楼洗手间的悠长旋转楼梯里的味道，我说的味道当然不是指小便池的尿骚味，而是洗手间门后飘出的浓浓烟雾。进入洗手间后，我几乎都看不到身前两步距离外的东西，烟雾太大了。正如我一直担心的那样，一伙年纪比我大、长得也比在我们家附近瞎混的男孩凶悍十倍的少年出现了。他们一边抽着烟，一边咒骂着，正在到处找点乐子或找碴，目测两者兼而有之。这时，他们全都转过身来看着我，此时我正大口大口地喘着气。我脖子上的金色条纹领带系得太紧了，紧得我喘不过气来，他们的目光让我极度不安。

“老天爷啊，快看他的大肚子！”其中一个男孩大呼小叫地喊道，“是不是一整个夏天都在胡吃海塞啊？这个饭桶是不是把馅饼全都装肚子里了？我们给他起个什么绰号好呢？是格兰其山，还是罗兰？对了，我想起来了，今后我们就叫你矮胖子吧。”

听到这话，我肯定气得满面通红，但是幸亏当时他们都在哈哈大笑，继续一口接一口地抽烟，没再理我就走开了。他们中甚至有人偷偷带酒喝，而其他人则自己卷长烟卷。后来我就知道，不仅香烟能产生这种刺鼻气味，大麻烟卷也能。上学第一天上厕所，我尽可能地速战速决。令我惊讶的是，他们竟然没有把我按到抽水马桶里折磨我。那些人可能不想费力把我这么一个胖子倒挂起来。

我过了一会儿才适应了新的学校，我想其实我从来没有真正地适应过。我根本就不适合学校。与原先上课的时候一样，

我总是无法集中注意力，大部分时间都在乱涂乱画。然后唯一让我专注其间的还是绘画课。教我们绘画的老师是一个叫格洛弗的懒散家伙，他总是任由我行事，不管我做什么，他都不管。我可以坐在座位上忙前忙后地画黑白相间的铅笔素描，也可以从教室后面堆放的杂志上临摹汽车或名人的图片。这段时间是我在学校唯一精力高度集中的时段。我一心扑在画画上，几乎忘了时间在走，每次下课铃响起的时候，我都有些怅然若失。格洛弗先生是一个非常和蔼的老师，他并不介意有时为了我打破学校里的一些小小规则。有天，在我去上地理课的路上，正碰到他在其他教室上绘画课，我想我还去上什么地理课啊，不如直接去上绘画好了，因此我站在他的教室门口，喊道："报告，我可以进来么？"

"当然可以了，约翰，只要你别捣蛋就行。去教室后面的空位上坐吧。"不管是他教三年级、四年级还是五年级，从那天开始他都允许我去他的教室听课，而且从来不问我为什么不去上其他课或是又被哪个老师赶出来了云云。

他是唯一一个称赞过我课业的老师，而且他有时会在下课后让我留下来，然后问我长大后的理想是什么。那时，我一直懵懵懂懂的，对他说的话也爱搭不理的，但是他的问题确实让我意识到我真的可以成就一番事业，他这么问可能就是因为我有这个天分。这也是我人生中第一次有老师对我的画作表现出兴趣。

放学回家后，我仍然选择画画来打发无聊的时间，但却不像以前那么频繁。杰瑞再也不会给我买漫画了；我自认为可能我已经长大了，而且他说我的表现根本不值得给我这种奖励。

因此大部分时候，我都是看见什么就画什么，涂鸦、临摹或是素描都有，没有特别的限制。但我从来都是一个虎头蛇尾的人，就如同我的生活一样。我花了二十五年的时间才真正把我其中一幅画画完。不管你信不信，我画完的这幅画就是乔治的素描，这也是我从小到大卖出的第一幅画。

孩童时的我，沉浸在自己的世界里，画着漫画上的画。

第七章

一说到乔治，话匣子就收也收不住了。它真的就是一个小讨厌鬼，磨人精，总是在我写作的时候围着我转悠。

“去躺好！让我安静一会儿，好不好？”我不止一次地对它说道。

这个厚脸皮的小乞丐现在正坐在肖迪奇区文顿街格里夫美术工作室的皮椅上。听完我的话，它头一低，看不起地瞧着我，脸上的表情明显就像在说：“现在，你真把自己当成一个大作家了，嗯？”

“事实上，我就是。现在把脖子给我缩回去，睡觉。”

在收养乔治的第一天早晨，带它去公园散步的时候我才意识到，我牵着的是一头体型庞大又强壮的狗，我需要花费很多功夫去照顾它。但讽刺的是，那时候的我，甚至连自己都照顾不好。在公园散完步回家的时候，乔治使劲拽着狗绳，把我拖回了家。我逐渐接受了收养乔治的现实，不断告诉自己一切都会好起来的，不管怎样我肯定能应付过来，然后……“嘭”地一声！乔治挣断了我手里的狗绳，像闪电一样蹿了出去。我抬头在三十码开外的地方看见一只虎斑小花猫，它一副不理世事的样子，背倚在栏杆上来回磨蹭，根本没注意到此时正有一只狂吠的斯塔福德郡斗牛犬朝它冲过去。我在仓皇中看见乔治追着这只小猫,而此时意识到自己不利处境的小猫迅速沿街逃跑了。

“乔治，回来！快回来，乔治，你这个混蛋。”我一瘸一拐地追着它，一边朝它喊道。

一两分钟后，它就回来了，两只眼闪闪发着光，挣断的一半狗绳拖在四条腿间，看起来非常享受这种狗追猫的把戏。

“你这个混蛋，简直可恶至极！”我一边抓住它脖子上的狗绳，把它缠在手间，一边严厉地警告着它。我凶狠地大声骂着，让它明白这种行为是多么地不可原谅，避免它再犯同样的错误。

乔治低下了头，眉头紧皱，继而又抬头看着我，用我平生仅见的最楚楚可怜的眼睛看着我，好像在对我说对不起，但它的表情又好像在说：“说真的，你怎么能因为我追赶一只猫而责怪我呢，我可是一只狗啊？”

我不得不承认它说的挺有道理，但我不能任由它胡来。乔治现在不受控制，这就意味着它不仅对自己、对我、对社会的安全都是一种威胁，更不用说外面那些可怜的小猫咪了。如果我足够明智的话，我很可能会直接打车把它带到最近的动物救护中心，投降地举起手来说道：“对不起，我真的应付不来。”

但正如我前面说的，我当时头脑比你想象的还要不理智。

乔治和猫天生就合不来。

我凭着直觉行事，收养乔治的时候也是如此。尽管知道收养乔治不会是一件轻松的事情，但我没想过这个决定会花费我多少时间或金钱或其他类似的现实问题，因为在和它相处的几天里，我已经喜欢上乔治了。

我喜欢它陪我待在我的小套房里，尤其是当我已经习惯了贝基、山姆和他们的牧羊犬搬进来后家里热闹的感觉时；我的直觉告诉我收养它是正确的决定。乔治身上有一种特质，这种东西瞬间让我很想要保护它。这是一种很难形容的感觉，但是如果有一天你见了它，你就会知道我的意思了。

“我们一定会找出解决的办法的。”我这样告诉自己，虽然我目前还不知道如何解决。

乔治一整晚都跟在我屁股后面转，这天晚上它又睡在了我腿弯里。第二天，我决定带它去我经常去的地方——塔丘地铁站，看能不能要到几英镑，犒劳一下我和它的五脏庙。山姆和贝基走的时候留了几罐狗粮，但是乔治总是一副吃不饱的样子，家里能吃的东西也已经不多了。不管怎样，只要我抓紧它脖子上的狗绳，那还会出什么问题呢。

当乔治看到我剪短了它的狗绳时，我想象着它可能会用质疑的眼光说：“问题多着呢，你是在自找麻烦吗？”

“噢咿，你给我守规矩点，现在我们走吧。”我对它说道。

一路上乔治简直就像个混球。我原先担心拄着拐杖牵乔治会很不方便，因此我就把拐杖放家里了，可是这样一来我就得走得很慢很小心。可乔治根本就走不慢，它几乎快把我的胳膊拽下来了，硬拖着我走快点。当我跟不上它的速度时我扭伤的脚踝就一阵抽痛，同时我必须竭尽全力才不会让自己摔趴下。

“你能不能尊重一下老年人啊！”我对它说道。

我和乔治一到地铁站，几个相熟的流浪汉就过来打招呼了。他们对乔治前主人的底细一清二楚，甚至有几个认识那个苏格兰醉鬼的人，还提醒我要小心点那个人。

“我听他说，只要让他见到你，他肯定给你点颜色瞧瞧。你真的要当心点那个人。”其中一个说道。

另一个说，那个苏格兰人就是一个下流坯，一个恶贯满盈的人，他对无家可归的人也不放过，经常抢劫他们。听了第二个人说的话，让我很不舒服。我一定不会让他在我和乔治身上打主意的。

“他的事我全知道，”我装腔作势地道，“我正等着他呢。我在棒球棒上写上他的名字，竖着写的，横着写的，前后写的和颠倒写的。如果他要威胁我或是把乔治抢走，我就让他好好地瞧瞧，我也不是吃素的。”

我天生就不是一个暴力的人，我根本不想用棒球棒打任何人。我说这些话的目的只是让人们知道，我也不是容易吃亏的人，我知道这些人肯定会帮我把这些话带给那个苏格兰人的。这些年来，我们这些无家可归的人都会互相照顾，互相为对方做一些暖心的事，譬如互相支持。当你一贫如洗、露宿街头的时候，你就会体会到团结的力量，懂得照顾与你处境相同的人。我现在把话放出去了，我知道这些人肯定会帮我把话传到那人耳朵里，他们肯定会一起帮我保护乔治的。

以前在地铁站的时候，这个点儿我都会在地铁站口来回走动，客气地问经过的路人要点零用钱。我这个被杰瑞和多特这样骄傲的父母养大的孩子，对于自己现在伸手向人要钱的行为很是难堪的。只有把自己想象成是一个向路人要小费的街头艺人，才能让自己好过一点，因此我总是对路人讲一些诙谐有趣的话来逗乐他们，鼓励他们。

我通常会说:“今天过得还好吗？要去什么好玩的地方吗？让我帮你背包吧，只要给一英镑就可以了。”虽然有点傻里傻气的，但是我从来没想过什么也不做就向别人伸手或是站在一旁，用威胁的目光盯着路人。 即使在我最绝望的时候，我也总是尽量面带微笑，努力地去跟路人交谈。

大多数人都是直接无视我，装着看不到我。有的人则会面带尴尬地掏出一点零花给我，然后逃也似的快步离开。只有少数人会跟我交谈几句，把我当成一个真正的人来看待。对于大多数人的想法：“这个人是不是有病啊，竟然当街乞讨或是情愿做个流浪汉。”我真的不怪他们会这么想。想到有一天他们也会流浪街头，那时他们一定会做一些可怕的事情或暴露出他们性格的阴暗面来，一想到这些就让人有点毛骨悚然。我很理解这一点，但是大多数情况下上述假设都是不存在的。我本身就是一个乞讨者，而且也认识很多乞讨者或流浪汉，他们都跟正常人一样，没什么不同。他们就是这样一群人：一想到有人会虐待一只狗或是一想到一个苏格兰疯子会抢劫和威胁周围那些弱者就感到非常震惊的一群人。我们之中大多数人之所以会流浪街头都是因为时运不济，通常根本不是他们自己造成的。他们流浪街头，并不意味着他们就没有普通人的感情，并不意味着他们就是不值得尊重的下等人。

尽管满脸堆着笑，尽量在乞讨时不给别人带来困扰，但我还是讨厌在境况并不糟糕的情况下向别人伸手要钱。我只有在饥饿、需要喝杯茶的时候，才会向别人伸手，我觉得乞求别人的怜悯简直就是一种耻辱，简直就是一种罪过。

但是往好的一面看，如果乞讨的时候有乔治陪着我，我心里会好受许多。我知道也理解很多人对斯塔福斗牛犬之类的犬种都很戒备，因为这类犬种的风评并不好。但是乔治长得很漂亮，我希望能将这一点化作我们的优势。

“一会儿你可要施展你的魅力哟，你要把他们迷得晕头转向的，知道吗，乔治？”当我们在塔丘地铁站安顿下来后，我对着它说道。

它把腿搭在墙上，瞄了我一眼，仿佛在说：“滚开！我怎么知道该怎么做？”

在刚待下来的五分钟时间里，乔治一直转来转去，嗅着周围的人，狂吠着把我拖到人行道上，实在是一个不折不扣的讨厌鬼。我一直设法让它安静地坐下来，但它明显就“不买账”。任何东西都能挑动它敏感的神经——出租车柴油发动机的轰鸣声，鸽子飞翔时抖动翅膀的声音，甚至是一阵大风。它就是安静不下来。最糟的就是：一些从旁经过的乘车上班族在看到乔治的时候都露出了十分紧张的神色，这是让我觉得最恐怖的地方。它现在明显不受我的控制，但像它这样的动物必须受到严格管制，否则事态将变得对我们很不利。因为乔治的关系，我们在地铁站并没有待很久。

“你需要学学规矩了，首先女士们是不喜欢你在她们的裙子上嗅来嗅去的或是朝她们扑过去。接下来我会教你做一个乖孩子。”我们一边到处逛，我一边对它耳提面命道。

它专注地看了一会儿，就像是在想：“我是一条狗啊，怎么能做到你要求的这些事呢？”

它的表情好像在说：“这样的要求，你能胜任吗？约翰先生，我们能吗？”

“我会教你的，瞪大眼睛看着吧，乔治。我可是有许多你还不知道的本领呢，我会做给你看的。”我说道。

我们开始调头回家，有几分钟我牵着乔治走得很顺利，这让我彻底放了心。本来一直都相安无事，直到在皇家铸币街拐弯的时候，一只黑猫突然从离我们前面几码远的胡同里蹿出来跑过马路，然后乔治就挣脱了狗绳，像《兔八哥》里面追 BB 鸟的狼一样，咻地一声就蹿出去了。它蹿得太快，体格又健壮，

直接就挣脱了我的束缚，还把我拽得一趔趄，撞到灯杆上。

“停下来，乔治！你这个小混蛋！快回来！你这个混蛋，快给我停下来！”我朝它喊道，尽量让自己的语气听起来很严厉的样子，“你快给我停下来，你这个蠢货！”

它甚至连头都吝啬得没回一下，我惊慌失措地看着它飞跑到一辆黑色出租车的前面，迫得出租车司机不得不打了个急转弯。出租车司机猛按着喇叭，朝我挥着拳头，怒骂道：“该死的，你为什么不牵好它？”这时，那只猫正好爬上墙逃跑了，只留下乔治在路对面一直狂吠。

“对不起啊，老兄！”我朝出租车司机挥了挥手，他阴沉着脸，摇了摇头，然后驾车离开了。

“待着别动，乔治，你这个混球，”我朝着路对面喊道，“等着我，你敢动一动的话……听见没？我让你待着别动！”

我站在马路对面，等着路上的车驶过，然后好去对面把乔治牵回来，这期间它一直都在看着我。显然，我想让它待在那儿等着我，但是乔治根本不明白我的意思或是有其他想法。它直接从马路对面又跑回来，直接把一个骑自行车的家伙吓得半死，他直接骂我是蠢货，对此我无言以对。牵到乔治的狗绳后，我难以置信地松了口气——当然还有些余惊未定——在把乔治锁到公寓里面后，我仍吓得额头上的汗狂流不止，手也微微发抖。

“再不知悔改的话，你就给我从临街门里滚出去，你就一点记性也不长吗？”我警告它道。

它向空中嗅了嗅，然后开始舔起自己的毛来。

“看来你真没长记性，别舔了！”我说道。

我一边说着一边愤怒地拿起一根拐杖，朝它挥舞着；乔治呜咽着向后退缩，然后又几乎立刻停下不动了。明眼人一看就知道它过去肯定被打得很惨。看到它现在畏畏缩缩的样子，我觉得糟糕透了，感觉心里空落落的。我内疚地扔掉拐杖，走过去轻抚着它的头。无论过去它经历过什么，我想它都应该缓一缓，忘掉以前不愉快的时光。人在倒霉的时候，喝凉水都塞牙，这样的经历我太清楚不过了，我真的很想帮它从过去的阴影里走出来。当我还是个孩子的时候，我就训练过布奇，所以在很久以前我就知道只要我用心就能让乔治乖乖听话。同时我也知道，如果我不开始着手训练它，最后的结局就是我们俩必须要分开，这绝对是我越来越无法接受的现实。

它坐在我旁边，目不转睛地盯着我看，目光中带着些许紧张不安，似乎在努力看透我的想法。这是乔治让我觉得很特别的地方，显然它聪明得不像话，它身上有着我以前在其他狗身上没见过的魅力和存在感。当然，我不能说它就真的差不多跟人一样，那样说就有点太夸张了。但是有时，我是真的觉得它比我都要聪明。当它用探询的目光看着我时，我不回应点什么是绝对说不过去的。如果它突然张开嘴，对我吠叫着说：“你还好吧，伙计？”我可以毫不隐瞒地说，我压根一点也不会觉

得惊讶。

“是的，乔治。我很好，伙计。只是在想事情而已，想想我们下一步该怎么办。”我对它说道，算是对它没说出来的问题的一种回答。

它低下头，像是听懂了我的话似的，接下来就安静地待在一旁，给我时间让我理清思路。

似乎没人知道到底那个苏格兰疯子是怎么遇到乔治的，但我觉得那肯定不是一场美丽的邂逅，只要跟他有关，就一定不是什么好事。我所接受的家庭教养让我明白我对乔治所负有的责任。我不仅仅只是每天把它照顾好就可以，我还要教它如何控制自己的行为，如何在大千世界里生存下来。它将继承我的衣钵，就像我继承多特和杰瑞的衣钵一样。我必须竭尽所能为它撑起一个家，就像多特和杰瑞为我所做的那样。我必须训练它，确保就算不拴狗绳它也会乖乖行事，这样就算我拄着拐杖，也不用害怕被它拉倒或是控制不了它。

“我有个想法，乔治。接下来的时间里，我会训练你，这样你就不用再拴那条狗绳了，你觉得这个主意怎么样？”

在听到“狗绳”这个字眼儿的时候，乔治就开始在我的小套房里嗅来嗅去地找狗绳，以为我要带它出去散步呢。

“你误解我的意思了，乔治，忽略我说的话吧。现在跟我来，我有一个好主意。”我对着它道。

我住的地方离公路很近，这条公路是塔桥通过埃塞克斯郡的主干公路。以后，我决定就在这条路上训练乔治了。虽然这条路上的车辆总是很多，但我对它的情况简直就是了如指掌。而且我认为只要我教会乔治在不拴狗绳的情况下安全穿过马路，那么其他训练对它来说简直就是轻而易举的事。

出发的时候，我的关节炎又犯了，简直疼得我死去活来，我只能费力地拄着拐杖。我知道训练不是一件容易的事，我们一离开公寓我就禁不住紧张起来，但是我别无选择。摆在我面前的一个简单的事实就是：如果我不训练乔治的话，如果乔治无法在不拴狗绳的情况下听从指挥的话，那么我就必须把它送走了。

当我们到达人行道的时候，我对着它道："是的，事实就是这样。你现在可以跟着我，那么以后你也可以跟着我。但是如果再胡闹的话，我就只能把你送走了。"

我惊讶于自己竟然把这些话大声说出来了。话虽如此，但心里仍有些不是滋味。我们已经同甘共苦，经历了很多事情，我感觉自己已经越来越离不开它了。我自认为它也是这种感觉，因为它一直在注视着我的一举一动，认真地听着我说的话，仿佛它真的想听懂我的意思，不想把事情搞砸。

"乔治，好孩子。跟紧我，小家伙。这才是好样的，快跟紧我，真不错。"我说。

目前为止，一切都很顺利。乔治一直跟在我旁边，不住地转身看着我，比起担心它跑掉，我现在更担心它会突然掉进哪

个井盖里。即便如此，每次我们拐弯的时候，我都会举目四望，祈祷街上或是人行道上千万不要出现猫咪。如果乔治不由得多走一两步，我就开始用最低沉、最严厉的声音朝它喊道："乔治！过来！喂！到这来，立刻！"

我不住地重复着这些话，而乔治的反应也很好，尽管它看起来颇有微词："这句话你已经说过一遍了。我是一只狗，不是金鱼(金鱼的记忆只有7秒)。"根据以前跟布奇相处的经验，我知道，其实对狗来说，重要的不是你说了什么，而是你说话的方式。用嗓子运气发出的命令，容易对狗狗起作用，就如同使用正确的身体语言，表现出一副权威的姿态一样有用。细想一下，这些常识很可能也是我从杰瑞那里学到的。杰瑞对我很少使用暴力；他恶狠狠的语气及动作通常就是对我的处罚了。

当我用柔和、平静的声音对乔治说话时，它讨好地摇着尾巴："真是个好孩子，乔治！你真是棒极了。"

我们到达公路的时候，正是上下班的高峰时间。虽然听起来有点疯狂，但是这也意味着：虽然道路很拥挤，但是车辆肯定走得很慢。这对乔治来说是一个好消息。它需要在危险的地方学习过马路的规则，但是我希望是在不会太危险的地方。

当来到一个家具店前准备过人行横道的时候，我用低沉、洪亮的声音对着乔治喊道："站住！听见没，乔治？站住。"

当时马路上很嘈杂，我能够感觉到乔治的警惕，它的耳朵已经竖了起来，眼睛也四处张望着。这正是我期望的结果。它必须察觉到周围的危险，但愿它能凭着直觉紧紧地跟着我。

我当时觉得这是一个好点子，但当我回头看它的时候，我能想象得到乔治可能会说：“你是在笑吗？你真的觉得这样管用？”

我想这种特质也是我个性中的一面，就是：即使是人生的低谷，我也总能保持一丝乐观——或者你也可以理解为一时的疯狂。

不管怎样，我那天的心态肯定很乐观，而且我肯定这种乐观的心态能够起到一定的作用。

“快点啊，乔治。跟着我，小伙子。站住，站住！乔治！乔治！快回来，你这个混蛋！乔治！你这个混蛋！……”

乔治又跑了，飞驰着穿过公路，速度就像弹球机里弹出的石子一样快。它根本连路况都不管，唯一能入它眼的就是马路对面商店窗台上一只神气活现、又大又活泼的猫。为了避免撞到乔治，路上的司机们不得不减速、打着急转弯或是猛踩刹车，这一幕让我既窘迫又害怕。一辆白色面包车为此差点撞到前面的汽车上，有些司机甚至朝我做出诅咒的手势信号。

我吓得一动也不敢动，心脏怦怦地跳。还没等我喘口气，乔治又朝这边跑过来。它肯定没追上那只猫，在它急向后转穿梭在车辆中间跑向我的时候，我惊恐地瞪大了眼。电石火光之间，它已经回到我身边，呼哧呼哧地喘着气，看着因它的所作所为而吓得魂不附体的我。

“你简直坏透了，乔治。站着别动，听见没？别动！”

它没让撞死或是引起严重的车祸简直就是一个奇迹。我拿起手里的拐杖，使劲朝人行道上敲着，尽量弄出很大的声音，装着一副气极败坏的样子，让它明白它刚才的行为有多糟糕。

“你这个混球！简直坏透了，乔治！”我一遍又一遍地吼着。它仔细听着，皱着眉，大声吼了一下。它看起来真的很可怜的样子，我也很讨厌这么对它，而且它刚才的反应真的让我松了一口气。

据我所知，它本可以攻击我的，因为受过虐待的流浪狗一般都会这么做——比方说，它们无法接受指责。但是它却一直对我忍气吞声，这让我坚信一切都会好起来的。有些路人看到我对乔治大喊大叫，都丢给我一个白眼，我知道肯定有些人不赞同我当时的做法。我没有理他们，也没有迁怒于乔治。只要学会不去追猫咪，不要不管不顾地穿过马路，它就绝对不会有危险。从那天以后，乔治就再也没有追过猫咪了。现在，即使一只猫就在乔治伸爪可及的地方，只要我没开口它也不会动一下。只要我提高音量提醒它，它就再也不会像一个彻头彻尾的疯狗一样，飞驰着穿过马路。

“是不是啊，乔治？”我刚对它说道。它刚从格里夫的皮椅上醒过来，看来很惬意又有些自鸣得意：“能不能收收你脸上的那种表情，看起来真是蠢透了。”

当然那时我肯定不知道，拯救乔治的努力，最终也使我获得了救赎。乔治就是一个幸运的家伙，因为它我应该也会沾点好运，虽然好运现在还没降临到我的头上。

那天乔治跑上马路中间的时候，我吓得魂都没了。

第八章

“我给你预约了医生，约翰。”有天多特对我说道。

“为什么，妈妈？”

“就是给你查查体重。”她实事求是地说道。她尽量用正常的语气说话，就像这只是一次常规的检查，没什么大不了的，但这当然不是常规的检查。

在我升初中二年级的时候，我比原先更胖了。

我妈从来没跟我说过我体重的事，但显然现在她觉得应该有所行动了。我仍然会不时地去练练拳击，但是这并没有多大帮助。如果有什么不同的话，那就是我变得更胖了。当我们去看全科医生的时候，医生让我脱掉衬衫检查，当时那种耻辱的感觉我现在都忘不了。我站在磅秤上，他拨着秤砣，直到秤杆在13英石4镑的地方平衡下来。我当时只有4英尺4英寸高！我已经被医生诊断为临床性肥胖，医生说他很担心我的体重会对心脏产生严重的副作用并对心脏产生压迫。他认为我需要专家的帮助。我没有问任何问题，只是希望赶快穿上衬衫，越早离开这里越好。

不久后，妈妈就告诉我，暑假的时候要带我去圣巴多罗买医院里待几周。她当时是这么说的："去那里帮你减轻体重。"我一直很讨厌去医院，但那时我也讨厌自己是个胖子，因此我只好同意地点了点头。

圣巴多罗买医院就在伦敦金融城的史密斯菲尔德区。医院就在一个古老的大楼里，旁边就是一座诺曼式教堂，据妈妈说这座教堂已经有近一千多年的历史了。她说，这座教堂即使在伦敦大火和伦敦空袭中也没倒下，说明它是世界上最安全的地方。我们走到教堂门口的时候，我看见有人正在朝鱼池里扔硬币。我放下手提箱盯着水面看了一会儿。

"天哪，快看金鱼，好大啊，妈妈！"我激动地说。

"亲爱的，这是锦鲤。"一个扶着齐默助行架蹒跚经过的老太太纠正我道。

我对医院大楼简直又着迷又害怕——这座建筑不同于以往我见过的所有建筑。虽然我现在画了很多伦敦的建筑，但是鉴于圣巴多罗买医院的恢宏又不失细节，我从来没尝试着能够画出它的全貌。它周围的建筑也很秀丽——这是历史书中无法描绘的美景——但是因为我当时注意力都放在治疗的事情上，因此并没有心情欣赏这些东西。

病房里的消毒水味和热烘烘的感觉让我头痛；护士穿着僵硬的制服，推着吱嘎吱嘎的金属手推车，这一切都让我感到烦躁不安。我的病床就在一个腿部骨折的、年纪大约十五岁的少

圣巴多罗买医院的亨利八世门楼，
医院仅存的最古老建筑部分。

年旁边，病房里其他四个小孩都是来割扁桃体的。除了我们都非常想家并且都竭力隐瞒自己的病情之外，其实我们并没有什么共同的话题。这是我长这么大第一次离开家。

护士早上7:00把我叫醒，让我围着医院空地跑步和上下楼梯。当时医院楼道墙壁上刻着的是威廉·荷加斯的精美壁画，这是我后来才发现的。晨起锻炼完，我就去看理疗医师，然后是专科医生。第一天，医生让我骑健身脚踏车（车上带有里程计）。第一次我骑了有7英里，当时我累得气喘吁吁，上气不接下气，就像一个一支接一支抽烟的矿工一样。

医院允许我父母每天下午来探视，虽然大部分时候只有多特来看我。当时，我感觉那时她和杰瑞也有些不睦，但是没胆子开口问她。我根本不介意杰瑞来不来，我只是更愿意看到一张友善的脸。她经常在换班前，在医院待上几个小时。我当时觉得如果能够的话，她肯定愿意待得更久一些，让她短暂地不去想总统住宅区里的事，还有跟杰瑞的关系。多特常跟病房里其他孩子的妈妈闲聊几个小时，而我通常则会坐在床上随手涂鸦或是临摹病房里乱扔的旧杂志上的画。我根本不在乎是什么杂志，《摄影》也好，《轰动一时》也好，只要里面有图片我可能都会试着画一画，譬如一个足球或是西蒙·勒邦的头像。

我先是在医院住了两周，然后又日间留院进行了约三个月的治疗。医生禁止我吃薯片、巧克力和喝汽水，只允许我一周吃一片薯片！多特以前都是做香肠、土豆泥或猪肝、咸肉及其他的油炸食品，现在也不再做了。我现在吃的都是水果蔬菜，袋装加热的鱼肉（用欧芹酱调味）和水煮鸡蛋等，后来我就逐渐习惯了这种清淡饮食，说实话还有点享受的感觉。

我的体重噌噌地往下掉，到初中二年级圣诞节的时候，我已经瘦到九英石多一点了。我再也不是以前的“小胖子”了，这时我心里的大石头终于落了地。虽然只是瘦了四英石多一点，但是我的生活却发生了翻天覆地的变化。我仍然记得那时自己站在镜子面前，不敢置信我竟然瘦下来时的情景。我挺直脊背，瞬间感觉自己又高了几公分似的。感觉自己脱胎换骨，像完全变了个人似的：除了拥有艺术天分和布奇外，我还破天荒地拥有了好的身材。一切都变得井井有条、美丽动人起来。

尽管后来，我知道减肥虽然是一件正面积极的事情，但是我在学校古怪的言行却让我的处境更加艰难起来。与原先相比，我变得更加骄傲自大、蛮横无礼起来。这也可能是青春期的荷尔蒙作祟，但不管因为什么，我都无法改变这种目中无人的态度。我越来越讨厌学校，即使是格洛弗先生也无法再留住我（虽然他仍然允许我待在他的课堂后面听他的课）。有天早晨，一个年纪稍大些的男孩过来问我："想不想翘课？要不要跟我们一起？"

我认得他，他是几个年龄大点的男孩组成的帮派里的成员，他们经常在大楼的楼梯间或是地下停车场里集会，很少来学校。我还知道他们干的事情可不止吸烟这么简单。他经常嗅闻修正液稀释剂和罐装轻油，即使在极少情况下他来上学的话，他也会把一罐轻油装在运动上衣的臂袋里，在课堂上嗅闻或是把稀释剂倒在袖子上，然后凑近袖子猛地吸入一口气。

但这些事情都不能让我放下和他以及他的帮派成员四处游荡的念头。甚至私下里，我还觉得很荣幸能被邀请加入他们的帮派。当我还是一个胖子的时候，这根本是连想都不敢想的事情。因此，在他问我时，我毫不犹豫地就答应了他。

"让约翰跟我们一起混吧。"当他带我去停车场的偏僻地方见帮派成员时说。

其中一个人递给我一瓶修正液稀释剂后，所有人都让我把它倒在我的袖子上，然后再将其吸入。

“约翰，真的很好玩，你试试看！”他对我说道。

我连想都没想就按他们说的做了。我不觉得一瓶这种小东西能有什么害处。这种东西在街角商店就可以买到或在学校的文具柜里就能偷到，吸点这种东西根本算不上犯法。吸完以后，我立刻觉得天旋地转起来，相当好玩的感觉。根据过去的经验，我知道逃学并不总是像现在这样有趣的，因此在这伙人的怂恿下我异常开心地吸了很多很多。我们在大街上四处闲荡，不时搭乘巴士，对着对方胡说八道，总之就是这样消磨着一整天的时光。时间眨眼即逝，明天我要吸更多，或者我是这么想的。

“接着，吸吸看。”这个男孩又对我说道，但这次他给我的却是一罐轻油。

其他帮派成员都在哧哧地笑。现在才早上9:00而已，可是他们已经吸了一会儿了，显然已经嗨起来了。他们告诉我怎么吸，我可以感觉到轻油比起修正液稀释剂要强劲多了。我一吸入，立马来了感觉，就像喝醉了似的，这样的日子时间过得更快了。

我已经有好几周不时地吸入修正液和气雾剂了，要不就是好几个月，我也记不清了。我差不多一直都跟这伙人翘课鬼混，只有在多特给我打电话或是杰瑞威胁我，如果我再不争气的话，他就直接把我赶出家门，送到儿童之家或是让我跟吉米·多兰一起住时，我才会在学校露一下脸。

我知道我偶尔会把杰瑞和多特害得很惨，但是我真的很爱他们，我简直无法想象离开他们后的生活。当我把多特气哭的时候，我也非常地恨自己，但是我只是无法忍受杰瑞冲我发火、对着我大喊大叫的样子。如果是老师的话，他们可以在气急败坏的时候对着我大吼大叫，我根本不在乎；可是如果是杰瑞对着我喋喋不休的话，我简直就无法忍受。因为我真的很在意他，在意他对我的看法。更重要的是，我对杰瑞威胁我让我规矩一点的话，其实并没有多害怕。

而且随着年龄的增长，只要我愿意，我就可以轻而易举地躲过大人的监视。在我长到十五岁的时候，他们都已经四十五六岁了——按今天的标准来说虽然并不是多老，但是他们已经养大了四个孩子，而且还一贫如洗。尤其是杰瑞，他在我身上已经耗尽了力气。不管怎么说，谁又能因此而责怪他呢。

吸入修正液和轻油的最终后果就是我开始遭受头痛的困扰，虽然现在听起来很愚蠢，但是我当时并没有想到头痛会是因为溶剂滥用的关系。由于我的头痛变得愈来愈严重，多特也愈来愈关心我的状况。我的症状与偏头痛差不多，而多特多年来也一直颇受偏头痛的困扰。她带我去看全科医生，医生询问了我一些头痛的症状，当然我撒谎了，最后医生给我开了些止痛药。每天我都服用最大剂量的止痛药，同时还定期吸食胶毒。

令人诡异的是，我竟然还是搞不清楚我头痛的原因。

有天，多特下班回家后，直接拔掉了电视插头，然后朝着我的耳朵眼狠狠地给了我一拳。

“为什么打我？！”

“你问我为什么，好啊，我现在就告诉你为什么。”她一边说着，一边气得浑身发抖。

她打开手提包，然后拿出了一个胶毒袋。

“这是我在你卧室里发现的。”

“啊，对不起，妈妈……”

“我才要跟你说对不起呢。头痛，是你说的！难道你不知道你头痛的原因吗！我今天就让你头痛不止，约翰……”

我还以为她会再敲我的头，但是她没有。她一下子坐在沙发上，抽噎起来。我一遍一遍地跟她说着对不起，她看起来筋疲力尽、极度焦虑的样子。我讨厌看到她现在的样子，极力想要减少对她的伤害。

“我只是为了好玩，我以为你不会发现呢。我没有上瘾，一点也没有。我从没想过我头痛会是因为吸食这个东西……”

多特整整哭了一夜，第二天她就把我带到全科医生那里，然后把胶毒袋放到医生的桌子上。

“我想我知道他为什么头痛了，约翰他需要帮助，他根本不听我或是他爸的话。”

几周后，妈妈给我预约了一位“治疗头痛的医生”（实际上是心理医生）。当时没人使用心理医生或是精神科医师或类似的词。只是这个“治疗头痛的医生”会跟我聊聊，为什么我会想要做一些吸食胶毒之类的蠢事。在走近诊所的时候，我本来以为只有一位医生接待我，可是我没想到差不多有六个男女医生在那儿等着我，把我围了一个半圈。他们有的穿着白大褂，所有人都是一副严肃的样子。我不得不坐在他们对面的一张椅子上，方便他们轮流问我问题。

“你在家里过得不开心吗？”其中一个问道。

“不，很开心，我爸妈简直把我宠坏了。”

这句话绝对没掺假。我爱爸爸妈妈，我简直不能想象离开他们生活的日子。他们照顾我的衣食住行，总是尽量满足我的各种要求。跟我一起长大的孩子都是自己照料自己，他们家总是一副脏乱不堪的样子，他们的妈妈也总是醉醺醺的，有时备不住还会被爸爸毒打一顿。我家却不是这样，在我向医生们描述我的家庭生活时，我真的认为自己在家的生活简直过得像田园诗般美妙。

“那你在学校是不是过得很不如意？”另一个问道。

“没有，”我停顿了一下，“我只是讨厌学校，仅此而已。”

“你讨厌什么？”

“所有的都讨厌。”

“你肯定有喜欢的。能不能说出一样你喜欢的东西。”

“我想是绘画课。就是这样，我讨厌其他的一切。”

我向多特保证，再也不会跟学校里的那帮小混混搅在一起，也不再吸食胶毒。我真的说到做到，再也没碰这些东西。很快就到了圣诞节，为了奖励我，家人给了我一组颜料笔。把颜料笔蘸水后，画出的东西就像水彩画，而且还可以在硬纸板上画画。效果真是棒级了，我开始自己画一些东西，而不仅仅满足于临摹漫画。有时，我感觉自己就像是拿着画笔在画架上挥毫泼墨的老画家；唯一不同的是我手里拿的是毡尖笔而不是画笔。临摹的缺陷在于你无法保证色彩用得恰到好处。我临摹的通常都是原始人或哥特风格的人，就像是《亚当斯一家》那样的人。而我画的也是这样的人物，像留着怪异长发的丑女、令人毛骨悚然的老婆婆、一对有着黑眼圈的夫妻。这些画最终都没有作完，只是完成了简单的素描，我是不会为了别人而去画画的。我作画只是为了消遣，只是为了看看自己到底能做到哪一步。

一天，多特的手提包里一不小心掉出一幅我的画，原来她是想向工作的同事炫耀一下。她打扫卫生的办公室就在史密斯菲尔德区肉食市场的附近，多特向同事炫耀的时候，市场上的一个家伙碰巧看到了我的画。

“这画是谁画的？”他问道，看起来很感兴趣的样子。

“我儿子约翰。”多特十分自豪地答道。

“好吧，那你能问问他，愿不愿意为我们设计一个商标。”

这个家伙一直想找位画家为公司设计一个商标，然后把商标画在公司货车车队侧面的车厢上。

“那你付工钱吗？”多特问道。

“一辆货车五英镑。”他说。

“那我回去问问他。”多特精明地回道，她知道只要我能接下这单，肯定就能赚好几英镑。

当她把这个好消息告诉我的时候，我真的很激动。这是第一次，除了我的家人或者格洛弗先生外，有人对我的画表现出兴趣。

我必须立即开始作画，画出我自己的风格和形象。我的画必须是原创的，越醒目越好。

我决定翘课，到史密斯菲尔德区肉食市场去看看其他公司的商标是什么样的。此时，我并不觉得不去上学有什么不对——我自认为自己会成为一个著名的画家，而这只是迈向目标的第一步。

逛完一回家，我就坐下来打算设计商标，但是却毫无头绪，一点灵感也没有。也许是因为必须要设计出东西来的压力，让我无法招架；也许只是当时我仍然对自己的能力缺乏信心。最后，我画了一个快乐的屠夫，他腰上系着条纹围裙，怀里拥抱着一个快乐的厨房。设计显得很老土，我知道自己可以做得更好；但是，我仍然希望这足以配得上商标的要求。毕竟，这是那个市场商贩特定要求我画的。但当我把设计拿给多特看时，她迅速扫了一眼然后说道：“我觉得你还可以做得更好，但确实是一个不错的开始。”然后事情就不了了之了。第一次接到潜在客户的委托，我却无法交出满意的作品。不过，最伤人的还是多特的反应。她一直都对我的画赞赏有加，但是这次我交出的作品却好像让她难为情了似的——她甚至都没有把这幅画拿给同事炫耀一下。

第九章

“闭嘴，你这个卑鄙小人！”我一边按下民用收音机的发音键一边喊道。此时，周围的小伙伴们都捧腹大笑起来，因为我们又破坏了一对情人之间的甜言蜜语。

这个时代，正是民用电台发展的巅峰时期，我们这些十五岁左右的男孩子都是人手一部收音机，就像今天的年轻人每个人都在玩推特一样。通过电波互相对话绝对是一件新奇又刺激的事情。但最好玩的还是在杰瑞和多特外出时，几个孩子来我家围在收音机旁听其他人在电波里的对话。人们通常会通过民用电台商定打架的具体时间和地点，人物着装甚至每个人的长相。我和我的小伙伴们则会在旁一边插嘴一边煽风点火地说道：“不要来，你这个蠢货，他会打死你的！你连一个湿纸袋都打不破！你连开个门都能拉伤肌肉！你怎么可能是他的对手呢！”

目前为止，最最好玩的就是听一对恋人在那里甜蜜耳语，说着肉麻兮兮的话。其美妙之处在于男方在对着女方恶心巴拉地说话时，根本就听不见我们的辱骂声；如果在收听同一频道时，你的收音机天线信号比其他人要强很多的话，你就可以用更高的声音盖过他们。当女方问到底发生了什么事情，为什么有人会称男方为卑鄙的家伙时，我们全都屏息听着，窃笑把他们的谈话搞得支离破碎。

女方会说："德里克，你在说话的时候，有人的声音盖过了你的声音。"

"你说什么，宝贝儿？"

"我说他们称你为卑鄙小人。"

德里克则会喊道："谁还在这个频道里？是不是你，特雷弗？"

这时，我们就会一起骂道："我们在这里，德里克，你个鸟人！丑八怪！你女朋友是不是独眼巨人的妹妹？"

有的时候，我真的就是存心找碴，当这对恋人试图更换频道甩开我们时，我们就挨个频道（一共四十个）找，直到找到为止。到最后，他们别无他法，只能停止通话。我和布奇在家无所事事的日子都是靠这样来打发时间的。

越是这样瞎胡闹，我们就越起劲。到最后，为了接收到更强的信号，我们会爬到小区周围的房顶上，偷那些比我们好的、其他民用收音机用户的天线。然后，再用偷到的天线加强我们收音机的信号。爬屋顶对我们来说简直就是小菜一碟——我们从当地锁匠那里配一把能够打开屋顶门的 FB2 钥匙就可以了。配钥匙也很简单，只要有生意，锁匠一般都很乐意做，他们才不会自找麻烦问我们原因呢，当然我们也不会告诉。

偷天线只是当时我们打发无聊的方式之一。我和小伙伴们现在经常会到彼此家里，一边听着笨重的卡式唱机里的歌（例如，食人族乐队和后朋传奇的歌），一边吸着大麻，就这样恍恍惚惚、飘飘欲仙地度过一个美好的午后。我们经常去的通常是爸妈经常工作不在家的那家。我们家的情况是，杰瑞仍然会在早上做清洁工作，因此他们一般很少来我家。我讨厌跟杰瑞待在家里大眼对小眼，因此都会尽可能地带布奇出去散步，来避开杰瑞。布奇现在差不多已经六岁了，对于狗来说，这个年纪应该几乎不可能再长了。它现在仍是一副紧张兮兮的样子，就算我给它解开狗绳，它也不敢离开我半步。每次小伙伴看到我带它在周围闲逛，总会无情地溜掉，剩我和布奇站在原地。

他们走时还会留下一句废话："喂，约翰，真是快活呀。你真是个汉子。"让我烦不胜烦。

有天晚上，我来到住在总统住宅区的一个朋友家里。在玩够了民用电台的把戏后，他告诉我说，他爸床底下有一把断线钳。他爸妈那天晚上都出去了，因此我们俩溜进他爸的卧房拿出断线钳把玩，想着用断线钳干点什么呢。他们家附近有一个公园，公园的门晚上都会锁上。我们俩想着如果能把锁铰断肯定很好玩，没有比这更好玩的了。我们根本没想偷什么东西——只是觉得这样做好玩而已。我们跑到公园门口，我刚把钳子夹到锁上几秒钟，就突然听见小伙伴大声喊道："不好了，约翰！

有警察！”

我转身一看，附近街上的一辆警车里正坐着两个警察，两人都朝我们的方向看过来。我们俩弄锁的时候竟然没四处看一下，真是两个白痴。我以最快的速度扔掉钳子，然后跟小伙伴互相朝相反的方向跑开了。

我不知道同伴怎么样，但我最后跑到当地住宅区的一个叫作米德威的街角，它的设计有点像迷宫。幸好我对这一带非常熟悉，但是两个警察一直对我紧追不放。此时的我，随着年龄的增长，哮喘已经好了，而且还跑得很快。

最后，我不得不跳过整整一段楼梯（而不是一阶一阶地往下跑），穿过高斯威尔路，然后跑向总统住宅区的安全地带。而下一分钟，我已经开始疯狂地敲我家的临街门了。

“你干什么把信箱弄出这么大的声音？”杰瑞喊道。

“我要拉屎，爸爸。快给我开门，求你了。”这是我能想到的最好的借口了。我匆匆走进洗手间，这样杰瑞就不会察觉我在说谎了，进洗手间后，我尽量平息自己粗重的喘息声，然后若无其事地开门上床睡觉。最后，我终于躺在羽绒被里，松了一口气，一想到自己刚从警察手上逃脱，就不由自主地咯咯傻笑起来。据我所知，这简直就是对警察的一种侮辱。

午夜时分，多特和杰瑞也要上床睡觉了，这时候家里安静极了，但这种气氛突然被一阵大力的敲门声给破坏掉了。这次不是敲我家信箱的声音——而是用拳头使劲捶门的声音。夜里，

根本不会有人这样敲门，也不会有人直接用拳头捶门。

我直觉肯定是警察，很明显我的朋友被抓了，他肯定把我供出来了，还告诉了他们我家的地址。

杰瑞去开门的时候，我能听见他低声咒骂的声音。当他拉开门闩打开门，看到面前站着的两个警察后，他骂得就更凶了。

“约翰·多兰是不是住这儿？”其中一个问道。

“他又闯什么祸了？”我听见杰瑞回答道。

“现在还不能确定，总之与财产损坏有关，还可能涉及非法入侵。”

“什么，入室行窃吗？”

“有可能，所以，我们需要找他了解下情况。他在屋里吗？”

“是的，先等一下。”

在杰瑞走进我卧室之前，我就已经从床上爬起来，穿好了衣服，走出卧室，正好在走廊半道遇到他。我有些害怕地直视着他的眼睛说道：“对不起，爸爸。”

“等你回家的时候，我会让你知道什么是他妈的抱歉，你这个混蛋。”杰瑞说道。

等我回过神来的时候，警察已经把手铐戴在了我手上，带我走下楼梯，把我押进警车里。从家到国王十字街警察局需要十分钟左右的时间。一路上，我满脑子想的都是：回家我一定要抓住那个没义气的朋友，使劲抽他几嘴巴子，他竟然这么轻易就把我供出来。

警察以刑事损害的罪名对我提出指控，罪名说破天也没有严重到跟火车大劫案一样的程度。但是，这并不妨碍克勒肯维尔法院的法官判我支付30英镑的罚金。当然，这笔钱不得不由杰瑞来负担。

“你这个小混蛋。”他一边骂着一边递给我一张罚单，他不得不用辛苦赚来的钱为我摆平这一切。

在接下来的几周（或是几个月）里，杰瑞都揪着这件事不放。每次看到我，他都会低声咕哝一句“混蛋”。我尽量不在他眼皮子底下出现，花很长时间带着布奇出去散步，甚至有时好几天都待在朋友的家里。在杰瑞气极败坏的时候，这通常都发生在他喝完酒以后，他就会再用让我从临街门里滚出去，或是说很乐意送我去跟吉米·多兰一起住这种话来威胁我。去跟吉米·多兰一起住这种话仍然能把我吓得惊惶失措。尽管我现在已经比原先了解他一些，但是我跟他还是不很熟，而我也不想真的跟他一起住。

过去的几年里，我们见面的次数也多了起来，他跟我提过他跟他爸一起合开了一家二手办公家具公司。他爸是一个大家都管他叫疯子吉米的人，只要不是傻子就知道大家为什么这么称呼他。吉米说公司运营得还不错，问我是不是愿意偶尔过去搭把手，这听起来是个赚取零花钱的好方法。这其实也没什么大不了的。根本就不会有父子情之类的戏剧性情节出现：对我来说，他就只是吉米·多兰而已，我对他也是一样。周末我就帮他搬搬家具什么的，我们相处得还可以。

初三的时候，我被分到了一个问题班级，班里的学生差不多都是伦敦的问题学生。我在上课的时候，注意力就没有集中过，即使格洛弗先生仍然尽他所能地帮助我，我仍然变得越来越惹人讨厌。如果我离开的话，所有人应该都会很开心吧。新班级的管理方式更像是大学的管理方式，而不是初中。老师们把我们当成年轻人一样，而不是小孩。在这里，你可以随心所欲地弹吉他或是参加烹饪课程，他们甚至还专门为我们设了一间吸烟室，下课后我们都可以来这里点一根本森·赫奇斯牌香烟，坐在一起吞云吐雾。我每天都去吸烟室吸烟，但事实上我只是来这里打发时间，数着正式毕业可以离开的日子。

在五月里，初三毕业考试的那天，我还记得自己当时走进一间坐满同学的大礼堂时的样子，当时一个老师正在说："今天，如果有哪位同学不想坐下来好好考试的话，现在就请离开，让其他同学好好做题。"

我是第一个站起来的，随后就像多米诺效应一样，一个接一个地陆续有几个孩子也站了起来，差不多有十二个人，我们一起走出了教室。几周后我终于可以离校了，我大摇大摆地走出了校门，虽然没有拿到毕业证。其实，我完全可以自己画一张，但是也就仅此而已。我根本不觉得这有什么问题——我坚信离开学校才是我人生真正开始的地方。现在我可以做任何自己想做的事，我很期待接下来的日子。

许多和我一起长大的孩子，很早就结婚生子了，当然我是不会这么干的。我从来没交过女朋友，更糟糕的是我离校的时候，体重又回到原先进圣巴多罗买医院治疗前的样子。所以，一时半会儿，我是不可能交到女朋友的了。我觉得，如果我停止吸大麻，停止不停地吃东西并开始节食的话，我至少需要一年的时间才能瘦下来。可是看看我是怎么做的，我根本就没有信心去约女孩出去。

许多毕业生最后都在克勒肯维尔附近从事服装业，我的几个同学甚至还在玛杰里街上的一个大型鞋厂里找到了工作，干着粘鞋底的活。我是不会找这种工作的——我讨厌每个工作日，每天做着一成不变的工作——但我也不知道自己到底能干些什么。我只是幻想着事情会以某种奇妙的方式出现转机，一切都能迎刃而解。当然，我当时真的是太天真了。

我只想跟伙伴们到处闲逛，听听音乐，抽抽大麻，懒懒散散地混日子。多特和杰瑞则有了其他的安排。他们讨厌看我整天在家里闲荡，开始对我施加压力，让我尽快找到工作。我根本没有毕业证，找工作简直比登天还难。因此，当吉米·多兰给我更多活让我在他的办公家具公司干的时候，他们勉强同意了，尽管多特明确表示还是希望我尽快找个“正当的工作”。

跟吉米待得久了，我才知道他其实是一个非常正派的人，而且他似乎也真的很关心我。我开始把他当作家里的一位老朋友。当他让我在他那儿干活的时候，我非常愉快地答应了，当然其中还有多特和杰瑞的原因，他们总是念叨着让我找工作。

这一次，吉米给我安排了分发名片的活，也就是让我在市里分发上面写着“崭新二手办公家具，价格公道合理”字样的名片。刚开始的时候，我真的很享受这份工作，特别是还能赚点钱，但问题是这种活并不经常有。我要连续工作两周，才能休息一周。休息的时候，我变本加厉地吸食大麻，因为现在我有钱可以买到更多大麻。我可以一整天都待在家里，要么吸烟，要么睡觉。我不时还会做下俯卧撑、举举重什么的——大多数时候，这么做是出于内疚的心理——这些运动的确让我掉了些体重，但掉得还不够多。比起锻炼，还是睡觉更有吸引力。但当时的我还没意识到，生活很快就给我敲了一记警钟。

第十章

在我十八岁的时候，我被押回费尔森青少年罪犯院舍候审。我和一个朋友犯了诈骗罪，当时我在偷来的存折上假造签名，一次性从银行或邮局取出了五十或一百英镑钱币。法网恢恢，疏而不漏，最终我被逮捕并被指控犯有诈骗罪而入狱服刑六个月。

1989 年 12 月，柏林墙被推倒，纳尔逊·曼德拉也即将从罗本岛被释放。我认为幸运之神还是眷顾我的，因为我生活在一个自由的国度，而且我获得了一个公正听证的机会。审讯期间，多特和杰瑞几乎就没露过面。那时，他们差不多已经放弃了我。

我听说费尔森是一个很艰苦的地方，我告诉自己这至少不是一座成人监狱，而且我也不用在里面待很久。我只是一个傻兮兮的小骗子，不是什么大奸大恶之人。我肯定会被判短期徒刑，然后很快就能重新做人，继续跟普通人一样度过余生的。

结果却是，这六个月成为我一生中最难挨的六个月。作为一个四十二岁、几乎蹲过大伦敦区所有监狱（只除了少数几个）

的人，你就知道我为什么要这么说了。

还没到达费尔森，在从法院押往伦敦南部朗伯斯区的一个大牢房里后，我就已经踏上了备受折磨的旅程。牢里全是十五岁左右的少年犯，他们来自伦敦各地。当我看到他们后，我才知道，跟他们比我根本算不上街头小混混。他们中有些人看起来就像真正的恶棍，全是一副贼眉鼠眼、肌肉隆起、全身伤疤、咬牙切齿的样儿。他们单手就能掐死我。一个穿着华丽西装、戴着漂亮手表的亚裔男孩——一个大块头的家伙——走了进来。下一秒就见八个牙买加人跳起来袭击他，把他手腕上的手表扯了下来。牢房外的警察对此视而不见。这让我看到了自己以后在费尔森将要度过的日子——我知道肯定够我受的。

朗伯特牢房就像是一个“大蒸笼”，实际上就是一个带很多小隔间的大货车。我们像牛一样被赶在一起，穿过整个城市前往希思罗机场附近的费尔森。如果你以为这就像电视上雷·温斯顿主演的《人渣》的情节一样，那你就大错特错了。事实比你想象的要糟糕十倍；我的手掌还有前额都被汗水湿透了，我一路上都担惊受怕，战战兢兢。只过了四十分钟，我就吓得屎尿横流了。

最终抵达费尔森后，我们就被带进一个侧间，等着狱警喊你的名字。所有少年犯都在打量着对方，空气中弥漫着挑衅和雄性激素上扬的味道。这种情况是我远远始料未及的，简直无法招架。

第十章

“约翰·多兰。”一个狱警叫道。我只得走出侧间，朝一个柜台走去，柜台后面坐着一名狱警。我向他交待了家庭住址和其他细节后，就被带到另一间牢房里。然后上缴私人物品，换下平民服，换上一件粗布蓝T恤、运动裤、轮流穿过的旧内裤和袜子（差不多在我之前肯定有五十多个人穿过这些内裤和袜子了）。袜子是厚厚的毛织袜，如果你的脚不淌汗或不臭或没有脚癣和真菌感染的话，我想不久你就会有这些症状了。然后，在被带往牢房前，狱警发给我一床铺盖、一个塑料杯子和一些餐具。到牢房区域的时候，我咬着嘴唇，差点哭出来。但我知道感情外露的话，别人肯定就会觉得我软弱好欺，这样一来，在这个地方就很容易成为别人下手的目标，而这样的结果绝对是我无法承担的。我走到一层1号牢房门口后，狱警开始进行条形码处理程序。

我这才发现，我周围的狱友不是杀人犯，就是持械抢劫犯。这些人都是真正的暴力分子，我平时遇到这种人，通常吓得连看一眼都不敢。我唯一一次离开总统住宅区还是在圣巴多罗买医院的时候。没道理我会跟这些罪行比我严重得多的人一个牢房啊。

很快我就熟悉并适应了这里的日常和环境，但这并不能让我在这里好过一些。鼻孔常年闻到的都是消毒剂的味道，这里的食物也让我无法习惯，让人恶心得不行。如果你有机会拿到水煮土豆，那么四个中就只有两个能吃，另外两个简直跟砖块一样硬。我们一天吃三顿饭，但我一点也不想吃，因为我日间的工作强度并不大，我也并不觉得饿。

在这里的日子，简直度日如年。这里没有电视，牢房里也空空如也。我唯一的消遣就是一台调频收音机（这还是我要求多特从邮局捎给我的）或是一本图书馆的藏书。正如我之前所说的，对于读书，我在学校的时候就是一个起步较晚的人。我在十岁的时候，才开始学着阅读，那时莫兰德小学的校长抓住我和其他五个落后学生，每天下午 3:00—4:30 都会单独留下我们，然后在他书房教我们读书。到了监狱，我简直成了一个如饥似渴的书迷，借阅图书馆能借到的任何一本书，沉迷在书本中数不清的战争故事和各种人物的传记里。

在费尔森，我一次也没拿起铅笔或钢笔画过一幅画。我甚至都没有想到画画这件事。坐牢完全吸干了我生命的力量，我身体里的创作活力一丝都不剩。

有天，我听见隔壁牢房里爆发了一场恶战，我很担心那个牢房里的一个少年，因为他的狱友就是一个嗜血的彪形大汉。我想他肯定会被打得很惨，可是后来在餐厅排队的时候，我看他身上一点伤也没有，这真是让我大吃一惊，当然也松了一口气。我从他的另一个狱友那里打听后，才知道事情的原委。

“一个狱警想要那个大块头的劳力士手表，他就帮狱警抢到手了，好处是要向他提供支援和五十英镑的大麻。”他的狱友解释说。

那天晚上吃饭的时候，我也没见到那个大块头，恐怕应该是去医疗室了吧。如果你有渠道的话，就可以拿到一些大麻制品。但是，我最好还是老实点吧，我可不想让自己的处境越来越复杂。我暂时终止了抽大麻的日子，这对我来说并不难，因为习惯成自然嘛。虽然这样，我还是感到震惊，一些狱警竟然知法犯法，干起大麻倒卖的勾当。这样一来，你该知道当时我有多天真了吧。

我有一个狱友是西班牙人，讲着一口蹩脚的英语，我第一次见到他的时候，他给我的印象就是一个非常体面的家伙。但是，这根本说明不了什么。很快我就知道，监狱是一个什么事都有可能发生的地方，你根本无法从表面来判断任何事物或任何人。

“你是因为什么进来的？”他先问我道。

“诈骗。因为伪造邮局存折签名，被判六个月有期徒刑。”

他似乎松了一口气的样子，但还是有些半信半疑。

“真的假的？就这样？”

“是的，我明白你的意思。那你是怎么进来的？”

我对他有些警惕，担心被他耍，但是这个家伙竟然对我毫不隐瞒，一五一十全告诉我了，看来好像对自己的罪行颇有些自得的样子。他还给我看了他的案情记录，这是唯一能够确定一个人到底说没说谎的方法了，上面写着他在恐怖组织埃塔领导的一次恐怖袭击中把人给炸死了。

“你作案的手法还挺新奇的。”我说道，尽量不表露出我内心的震惊，谈话就这样结束了。

随着时间的流逝，我们俩也谈论过各种各样的话题，譬如：音乐、书籍以及出狱后的打算。他其实是个很风趣的人，比起胡乱跟其他行凶伤人的囚犯共住一室，我很开心能够跟他分到一起。无论如何，只要避开巴斯克独立这个话题，我就是安全的；搞笑的是，我也不喜欢跟他谈这个话题。

很多次夜里，你都能听见外面走廊里一片骚乱，第二天就会发现一些可怜的孩子试图割腕或上吊自杀，或是被自己的狱友打得青一块紫一块。我从来没睡过好觉；我觉得就算睡在伦敦动物园的狮笼里也比睡在这里让我安心。

我又被押上另一辆“大蒸笼”，去肯特州罗契斯特市的监狱服完剩下的刑期。这是一个比费尔森还要可怕的地方，我真的不想谈论在这座监狱里的生活。这个地方简直就是我的噩梦。当我终于脱下囚衣和臭烘烘的袜子时，我就对自己说：“我再也不想做跟违法乱纪沾边的事了。我发誓永远也不会。”

从这个角度来看，服刑确实对我起到了作用，至少看似如此。我发誓在有生之年都要遵纪守法，断绝跟狱友交往。1990 年夏天，我迈出了监狱的大门，沐浴在阳光下，对自己能够获得自由充满感激，万分期待新生活的开始。

第十一章

有时候看着乔治，我就在想如果我是一只狗，那该有多好。你看它，无忧无虑的，抓着小鸡鸡，表情冷漠地看着我，仿佛在说：“生活本来就是艰辛的，不是吗，你这个笨蛋。”

与此同时，我一幅接一幅地画着画。这些画都是别人委托的或是接到的新项目，然后还忙着这本书的创作和下次画展的准备事宜。

“你根本不知道什么才是艰辛的生活。”我对乔治说道，它的眼睛一眨也不眨地瞅着我。它最令人惊异的地方就是，它总是会一直直视着我的眼睛。给人感觉就像是，它在守护着什么贵重的货物。它的目光里饱含着关心，好似它以为我会随时西去一样。

它知道我并不是存心说它无忧无虑的，因为后来通过我对乔治情况的更多了解，我知道它的过去也和我一样多灾多难。

我们在皇家铸币街的小套房里一起住了九个月的时间，每天跟它在一起，它都能带给我意想不到的惊喜。为了确保它不

会再不管不顾地跑到街上或是玩追猫的把戏，我仍然每天在长途散步的时候训练它。它是我生命里一个自然而又特别的意外，是它激励着我，迫使我对它的训练要求更加严格。我们出去散步的时候，乔治已经好几周不拴狗绳了。虽然它的训练成果还不理想，但是因为我脚踝的关系，拄着拐杖牵它走路对我来说真的是有点勉为其难的事情，所以我终于决定不再拴着它了。我们刚刚离开公寓，乔治走在离我几码远的前面。我们刚拐过街角，就被几个社区治安员拦了下来。他们看起来一副不高兴的样子："先生，您得把您家狗拴起来，如果不拴的话，就太危险了。如果您不拴它的话，我们就只好把它带走了，明白了吗？"

我当然明白，但是我也没有多少选择的余地。我根本不能拄着拐杖，还能同时牵着乔治保持平衡。这对我来说，根本是不可能完成的任务。

第二天我们出去的时候，我密切注意着治安员的动向，尽量让乔治走在我旁边。但我们一到公园，乔治就拔足狂奔起来，它一向都是如此。就在这时，沿着这条街，穿过地下通道，我看见了穿着高可见亮黄马甲的治安员，顿觉自己现在的处境不妙起来。他们直接朝我走过来，我敢肯定他们这次肯定会把乔治从我身边带走。我没看见乔治跑到哪儿去了，我在惊慌中尽可能大胆地喊着它的名字。突然腿部感到一阵软毛轻扫，我知道乔治已经回到我身边，它尽量紧挨着我走着。我根本没看清它从哪个方向跑来的，但我确定它肯定听到我在喊它，感觉它好像知道当时必须尽快回到我身边一样。我们的步伐突然变得同步起来，我的拐杖摆出的幅度也几乎让人以为乔治是被拴着的！当从这帮人身边走过时，我朝他们几个微点了下头并打了声招呼："日安"。一越过他们，这些人立刻从眼前消失了。乔治又撒起欢来，朝公园跑去。我只能看见它的舌头长长地伸着，它加速奔跑的时候都是这副德性。

经此一事后，我升级了培训难度，把培训变成了一种游戏。第一课我就教它坐在路缘石上，没有我的命令不准起来。一起长时间在街上散步的时候，它仍然一副坐立难安的样子，我需要它学会一直坐在原地不动。如果没经我命令动一下的话，我就用拐杖猛敲着地面，用疯狂的语气训它，让它知道自己行为不端时会得到怎样的教训。有一次，解开它的狗绳后，我决定考验考验它。我把它带到一个交通信号灯附近，命令它坐在路缘石上。当我用正常语气命令它起来时，它就会同我一起走。当来到路中间的安全岛时，我又命令它老老实实地坐着。我们就这样来来回回，穿过同一个交通信号灯十次。当时看热闹的人心里怎么看我们，我其实一点也不在乎。乔治学习能力很强，它学起来真的很投入，犹如很喜欢听我讲并认真学习似的。

我的训练没有白费，不久后它的真实品性就展现出来。它不再胆小羞怯、紧张不安，而是变得精力充沛、活力无限，眼睛深邃、炯炯有神。它的快乐就是我的快乐。

一天，我在塔门廊乞讨的时候，一个年轻的警察走到我面前，开始宣读《取缔闹事法》。这是乞讨时，经常遇到的职业危险之一。有谁真的愿意在街上乞讨呢，即使许多警察只是让你离开而已，绝非想把事情闹大。但你总是会遇到一些古怪的事，这个警察威胁我说，如果我不走的话，就给我下一张驱散令。他刚说完，乔治立刻就开始朝着这个年轻的警察咆哮起来，然后瞪着他，我猜它是想说："该死的趋炎附势的小官僚。"

乔治用一种"你说出了我想说的话"的眼神看着我。警察最后还是离开了，我保证不再回这里乞讨的话还在他耳边回响。我轻轻拍了拍乔治的后背。

"拍一下代表你今天表现还不错；如果你明天表现差劲的话，我就拍你两下。"

我必须得教它不要像刚才那样对着人咆哮，尤其是警察。但矛盾的是，它刚才的举动让我很高兴。这说明它认了我这个主人，刚才的举动纯粹是为了保护我。

星期四和星期五的晚上，我和乔治站在主教门口乞讨，紧邻一家名叫大老二酒吧。这里热闹又忙碌，但目前这种环境乔治已经能够应付得游刃有余，不会再在成群结队的人面前惊慌失措了。它可以站着一动也不动，即使主教门口的警犬从我们旁边走过，它也不会眨一下眼睛。乘车上班族通常会问我可不可以摸摸它，反正十次有九次他们都会主动这样问，这让我的乞讨工作变得越来越有趣。

“你从哪儿买到的？你养它多久了？它叫什么名字？”有人一边摸着它圆圆的脸颊一边问道。

然后，我就愉快地和他们闲谈起来，在走前他们总会赏给我几先令。他们会再三强调说这钱是送给乔治，不是给我的，但我一点也不介意，因为这是给我们的。

数月后，我又在东伦敦的加油站外面乞讨，乔治就坐在我旁边。到那时为止，它已经非常训练有素了，我只要抬高声音咆哮一声“乔治，你敢”，它就乖乖地待在我身边，哪儿也不会去了。现在，它能听从我发出的每一句指令。

“嘿，伙计，这不是乔治么？”我听见一个声音说道。这是一个发音含糊的苏格兰口音。虽然我以前并没听到过，但这声音却让人莫名的耳熟，我立刻就警惕起来，紧紧抓住乔治的颈圈。

“乔治以前是我的狗，可以把它还给我吗？”

我简直不敢相信自己的耳朵。

“你有胆再说一遍，伙计。”

“我说乔治是我的狗……”

“你想把它要回去，连门儿都没有，”我打断他道，“你用一罐啤酒把它卖掉了，还记得吗？所以现在劳驾您赶紧滚开！”

我尽量摆出一副无赖相，反正跟监狱里的狱友表情差不多，注意不让自己的声音吓得变调。我感觉这下我们的麻烦可大了。

此时，他直接走近乔治说道："乔治，好孩子，还记得我不？记不记得你原先的主人啊？要不要和老奇克叔叔一起住几天？"

听到这话，我不禁怒火中烧，但我尽量控制着自己。

"你倒是想得美，伙计。它现在是我的狗。你已经把它卖了，现在给我滚开，不用再回来了。"

他说"老奇克叔叔"的时候，乔治一点反应也没有。它还是像我训练的那样，一动不动地坐在那里。甚至，它看上去有些厌烦。现在，我真的搞不懂它在想什么。

"它还记得我，"这个苏格兰人说，语气中带着一丝绝望，"你看！它还记得它的老主人呢，是不是啊，乔治？"

"它只是受到了良好训练，仅此而已。"我说道，"现在，它已经是我的狗了，伙计，是我教它这些行事规矩的。现在麻烦你走开，听见没？别让我再看见你这张脸。"

"好啦好啦，我知道啦，伙计。"他终于说道，但我根本就信不过他。

我们争执过后不久，我就听见街上那个苏格兰人的声音，他正试着想把乔治偷走。我一听见他的声音，我就恶心得想吐。对那个苏格兰人，我一直保持着高度的警觉。只要带乔治出去散步，我就让乔治紧紧地跟着我，时刻掉头回顾，确保那个苏格兰人不会跟在我们后面。我是那种念念不忘的人，一想到乔治有可能会离开我，我就会从极度恐慌中惊醒。在看到它正睡在我的腿弯里或是睡在我脚边时，我感觉就跟中了六合彩一样的开心。现在，我已经彻底离不开它了，我无法想象没有它的日子我该怎么过。

“跟着我，你会没事的，孩子，我会一直照顾你的。”我对它说道。我到死也会保护着乔治，我心里想。

我对乔治许下诺言，如果下次再看见那个老奇克，我绝对让它成为我们的最后一面。不久，我就兑现了我的诺言。

一天下午，我们坐在塔丘地铁站附近乞讨时，那个苏格兰人又缓缓靠过来说道：“乔治，今天过得好吗？”我对此置若罔闻。

“嘿，现在给我听着，好好地听着。我有一个棒球棒，上面写有你的名字，竖着写的，横着写的，前后写的和颠倒写的。如果再让我看见你，就别怪我不客气了。知道我的意思了吧，还是你想让我给你看看？”

“好吧，伙计……”

“你现在明白我说的话了，确定、一定以及肯定？”我说道，感觉现在的自己十分冷静。

“好吧，伙计，狗是你的了……”

他挠了挠乔治的下巴，然后就滚蛋了。

谢天谢地，此后我们再也没有见过老奇克叔叔。

我写“老奇克叔叔”这个词儿的时候，仍然感到困惑，我

困惑的是乔治竟然对这个词儿毫无反应。如果不了解它的过去的话，你肯定会以为它以前过得多安逸快活呢。但冥冥之中我却知道，乔治以前并没那么幸运，它在某个地方肯定度过了一段艰难的时期。过了好几个月我才了解了乔治过去生活的真相。一天，我们正沿哥伦比亚路走着，一个人在看到商店门外的我和乔治时，突然停了下来。

他好像认识乔治。

“我敢打赌它一定是乔治。”他一边说着一边伸出手来和我握手，“顺便介绍一下，我是弗雷德，很高兴见到你。”

乔治连叫都没叫，我明白它肯定也认识这个人，但是弗雷德看起来很友善，一点也不具有威胁性。我想听他多告诉我一些乔治的事情。

“是我把乔治养大的，还给乔治配过种。”弗雷德解释说，“它是一窝幼犬的父亲，但是母狗却根本不让它靠近这些幼崽。每次它一走近，母狗就会攻击它，这也是它耳朵上有伤痕的原因。”

现在我放心了，弗雷德百分之百认识乔治，因为乔治耳朵上的伤痕已经很浅了，如果不细看的话，根本不会注意到。一想到能够更多地了解乔治的过去，我就很激动。它为我做了那么多，而且跟我比起来，我觉得它更了解我多一点。同时，我还有些担心，主要是担心弗雷德再把乔治要回去。弗雷德接着说道，他女儿想要一只小狗，但是他根本不想把乔治的幼崽给她，因为他的女儿就是一个瘾君子，她以后肯定会把狗卖了来换毒品。相反地，他把乔治送给了她，因为当时那个母狗老是跟它过不去。

“后来呢，后来怎么样了？”我问道。

“后来我就不知道了。我还曾养过另外两只斯塔福德郡斗牛犬，它们两个都因为追赶狐狸跑掉后，就再也没有回来了。但是乔治肯定不是这种情况。有次，我去女儿家的时候，正好听女儿说乔治走丢了。但是，她也说得含糊不清，我也不清楚到底是怎么一回事。我猜她可能把乔治卖钱换毒品了。”

这就说得通为什么我初遇到乔治的时候，它那么焦躁不安了；而在我适当训练它之后，它又为什么对我这么忠诚了。就我目前所知，在贝基和山姆之前，乔治已经换过三个主人了，他们都没有给它应有的对待。所有的狗狗都会对主人有一种深情的依赖，但是如果这种依赖总是被无情地扼杀的话，尤其是对乔治这样年轻的狗来说，再加上没受过系统的训练，对规则一无所知，狗狗就会极度地缺乏安全感。

虽然现在我总是对乔治冷嘲热讽，取笑它赖，取笑它是个废物，取笑它养尊处优，但是我的话更多的是一种反讽。它早先的生活本来就不怎么样。我们俩都尝过孤独、冷落和不安的滋味，这种经历让我们俩更懂彼此，更贴近对方。

“所以，你是想把它要回去么？”我问弗雷德道，这句话简直如鲠在喉，不吐不快。

我感觉他对我非常坦诚，因此我现在特别想弄清楚他的意图。

“算了，我没想这么做，伙计。它现在看起来过得很好，训练有素、营养充足。还是你照顾它吧。你是一个好主人。”

“听到你这么说，我真是太高兴了！它是我唯一喜爱过的动物。”我说道。

“太煽情了吧，没用的家伙。”耳边响起一句回答声——当然不是弗雷德的回答，而是乔治的，它的表情就像在说：“你疯了么？”

第十二章

“谁让你回这儿的。”杰瑞说道。

他直勾勾地盯着我，表情真的不像是在开玩笑。出狱后，除了手上的一只装行李的手提袋，我身上一无所有。一迈出监狱大门，我就坐上火车直奔总统住宅区。我知道多特和杰瑞不会欢迎我，但我真的没想到会以这样的方式被扫地出门。我服刑的时候，他们有几次到监狱里去看望过我。但他们一次也没说过不欢迎我回家的话。

“妈呢，她不在吗？”我问道，心里一阵恐慌。

“桃乐茜！约翰回来了。”

杰瑞站在临街门的门口，挡住我的去路，很明显不准我再往里迈一步。多特走了出来，站在他背后，看起来有些慌乱，不安地用手绞着围裙。那一刻，我明白她已经选择站在杰瑞那一边，瞬间我全身的血液都凝固了。

“对不起，约翰。但你爸爸是对的，你不能再待在这儿了。这已经是我们办不到的事情了……”

多特看起来憔悴极了，就是杰瑞也有些颤巍巍的样子，虽

然他仍然强硬地瞪着我。

“好吧，可是我该怎么办呢？我根本无处可去。”

“在进班房前，你就该他妈的想想这个问题了。别说我没警告过你，有多少次我告诉你，如果你不搞清楚自己的处境，你就得滚出我的家门？”

“你这个蠢货，死胖子。”我脱口而出。

我从来没这么骂过他，听到我的话，他立马铁青了脸：“滚开，再也不要回来了，你这个忘恩负义的混蛋。”

几个邻居听到这边的动静，都出来看热闹。可怜的多特，根本不知道该帮谁。我不想让她再为难下去。

“好吧，如你所愿，再见吧。”我抢白道。

我转身离开，听见后面的临街门“咣当”一声关上了。我的喉咙紧绷着，就像被人掐着一样的难受。沿着走廊走下楼梯时，我的眼泪夺眶而出，我就这样离开了自己从小长大的家。

我需要找个地方过夜，我想过找杰基、马尔科姆或是大卫帮忙，但直觉告诉我，最好不要打扰他们的生活。他们现在都是有家室的人了，生活稳定、美满。我已经给他们带来了一生的伤害，如果我再突然出现在他们家门口，要求他们留我过夜，那我就真的太龌龊了。除此之外，我也不想找以前的朋友帮忙，我不想让他们看到我现在的样子。正如前面所讲，多特和杰瑞都是很骄傲的人，他们对我的教育也不允许我低声下气地去求别人。

我茫然地在住宅区附近晃了一会儿，然后搭上一辆我第一眼见到的巴士，这辆车正巧开往东伦敦的方向。一坐上巴士一层最后面的座椅，我就再也不理会周围人的目光嚎啕大哭起来。一位老妇人听见我吸鼻涕的声音，同情地看了我一眼，这让我的感觉更加糟糕。在人挤人的车上，我当着别人的面哭得像个孩子。我根本没留意我去的方向，也不看沿途的站点，因为我根本就不知道我该去哪儿。我渐渐明白，我已经无家可归了。

我跳上另一辆朝着相反的方向开去的巴士，最后在国王十字车站下了车。之所以在这儿下车，是因为我看见这里有好多无家可归的人在徘徊。我对未来毫无计划，只是觉得自己孤独得要命，想要从其他人类身上汲取些温暖。一个家伙看到我现在的样子，就跑过来跟我聊天。“你多大了？”他问道。当我告诉他我十九岁的时候，他建议我去伦敦本顿维尔路一个名叫孤儿院的地方，那里专门收留像我这么大的青少年。

“如果你愿意的话，我可以为你带路。”

“我可以自己去。”我说道。

“我不介意给你指指路，反正我闲着也是闲着。”

我觉得他很真实。监狱的生活让我一眼就能分辨出一个人是不是个狡猾的家伙，显然他并不是这种人。对于需要帮助的人，他只是想要伸出援手而已，这也是很多无家可归的人所拥有的特质。他们了解受挫的感觉。伦敦标牌上“孤儿院”这个词是用黑底蓝字写的，周围点缀着星星和月亮。一看到这个标

牌，我立即黯然神伤起来。

“好了，伙计，我们就在这儿道别吧。真是麻烦你了，谢谢。”我对他说。

“没关系，那祝你好运啊，孩子。一切都会好起来的。”他走的时候说道。

孤零零地站在门口，我发现自己真的无法向前迈出一步。我就是不想进去，我还没到那么绝望的地步，一定还有其他更好的选择的。

我放下自尊，在几个朋友家待了几周的时间。我想着只要杰瑞冷静下来，我就能设法再次回到总统住宅区了，尽管我清楚这是不可能发生的事。我很不愿承认，在他们眼里（甚至于我自己眼里）我已经是路人甲的角色了。

我可能在第一天晚上确实是无家可归的，但这并不表示我就永远无家可归。我可不想在脑门上写着“无家可归”四个大字到处走动。很快，我就会扭转这种局面的——我这么对自己说，这时我宁愿相信这句话是真的。我可以找份工作，然后再找一处容身之所。我当时是这么打算的。

几天后，我跑到吉米·多兰那里问他需不需要找人帮忙，因为过去他一直对我不错，我觉得从他这儿下手应该是个不错的开始。当吉米看到我现在的状态后，我不得不告诉他杰瑞已经把我扫地出门了，而且这几天我都是在朋友家的地板和沙发上度过的。听了我的话后，吉米不仅给我在家具店找了份活儿干，还帮我找到了一处容身之所。

“你该了解我的，约翰，我很愿意让你去我家，但是因为家庭和那些……所以我现在做不了主。”他跟我解释道。我很感激他竟有过这个念头。他有妻子和孩子，我们几乎没见过面，而且我也不想因为这个而打扰到他的家庭。

吉米载我到为流浪者服务的慈善组织“中端站”，它的位置就在沙夫茨伯里大街。我们登上破旧的金属楼梯，楼梯上粘着厚厚的一层鸟屎，感觉已经腐烂到不行了。我闪身进门，走进了一个开放式房间。房间里有几个沙发、一台老旧电视机和煮茶的设施，几个少年在附近打发时间，有的在聊天，有的在下棋或打牌。看到他们这副逍遥自得的样子，我真的很惊讶，因为对我来说，没有什么比这种地方更打击人的了。

吉米临走前说，我只需在中端站待一晚上，最多两个晚上就来接我。我们早上会赶去伊斯林顿市建住宅委员会，他言之凿凿地担保说，只要我们把情况跟那里的人反映一下，他们一定会向我们伸出援助之手的。

在中端站的第一个晚上，我当着所有人的面大哭了一场。那是我永难磨灭的回忆。我记得当时自己躺在小小的单人床上，幻想着能重回家人的怀抱，逗逗布奇或是看看电视，做着平常经常做的事情。这样的地方，让我觉得很不真实，就如同在费尔森的感觉一样，就如同发生在别人身上一样。

第二天，吉米就开车来接我了，然后我们就在各种住房办公室间来回转，办公室里的人全都搬出各种借口来搪塞我们。最终，在一个地方排了几小时的队之后，我终于在国王十字街的一家经济旅馆暂时住了下来，当然费用由市建住宅委员会来担负。

“可以帮他登记一个市建住宅么？”吉米问那里的工作人员。

桌子后的那个女人几乎当着我们的面笑出声来。

“可以啊，不过等待批准的申请人名单已经排到七年后了。如果要插队的话，除非他怀孕。”她试图开个玩笑，但是我们两个都没这个心情。

经济旅馆就在国王十字街红灯区的拱门那里，完完全全就是一个破烂地方，但是我告诉自己和吉米，这种日子不会长久的，我很快就能找到更好的地方。经济旅馆的卫生间是共用的，除了我，还有七个人用，这里蟑螂随处可见。我的室友是一位四十岁的中年男子，他身上总是散发着一股汗臭味。总之，这里绝非你想象的天堂。

很快我就发现，那些经营旅馆的人才是这次经历中到目前为止最让人恶心的部分。对于我们每个住进经济旅馆的人，市建住宅委员会每周都会支付几百英镑，从而方便了这些房东从中大发横财。不管怎样，他们却把房客当作人渣来对待，以铁腕手段来执行租房规定，他们会想出各种伎俩骗走你身上的最后一个便士。不幸的是，我的房东是一个希腊籍塞浦路斯女人。

有天早上，她让我们十个房客列队一排，就像我们是即将被行刑队执行死刑的死刑犯一样，然后她在我们面前站定，一个一个地进行谈话。

“你得付我人头税！”她命令道，尽管她根本没有权利额外收费，因为市建住宅委员会支付的房租里已经涵盖这部分费用。

为此，我们争论得面红耳赤，直至她把我们这些不愿给钱的人全都撵了出去，当然也包括我。其他经济旅馆的情况也是大同小异，而且等待市建住宅批准的申请人名单已经排到了七年后，我根本没有其他选择。

就算房东并非彻头彻尾的独断专行，那你也通常会在吃完一个油腻腻的煎蛋和一根像橡胶一样僵硬的香肠后，在早上10:00被愤怒的房东丢出旅馆外。基本上，晚上8:00前，他们是不会允许你回旅馆的，这中间的时段简直长得令人发指。大多数时候，我都会去吉米那里找点活干，但是他并不需要我全天都在那里。无论身上带多少钱，吉米总是会付给我几英镑。但是更多的时间我都是闲坐半日，叼着大麻烟卷，吞云吐雾。那时，我又恢复了以前的习惯，得过且过，一派悠闲。

如果不是在吉米那里干活的话，我可能会去找找其他的乐子。在过去翘课的日子里，我就知道让自己忙碌起来并不是件容易的事，何况口袋里还没几个钱。有时，我会买一张一日旅行卡，坐着地铁环线一圈一圈转转，凝望着如流的车水马龙。

或者，我会去大英博物馆，四处看一看展品。真的就是随便看看。曾经有一段日子，我会搭上一辆巴士，然后去国会山的长凳上坐上几个小时，想着我的生活怎么会变成今天这个样子。

这段时间其实是我非常孤独苦闷的时期。一天，我终于鼓起勇气，去探望多特和杰瑞。自上次以来，这中间大概隔了三个月的时间，我都没有见过他们。杰瑞把我赶出家门这件事，仍然让我抓狂，但我不想彻底跟他断绝关系；别的不说，就光断绝关系这一条就够我受的了。

“别担心，我只是拜访而已。”多特开门后我说道。“你去告诉那个混蛋我不在家。”杰瑞说。

她开门让我进去后，表示很开心见到我，并询问我最近的情况。杰瑞除了在多特开门的时候，算是给我打声招呼外，就不再理我了。我装作若无其事的样子，跟他们聊了聊我在吉米家具店的工作，并告诉他们我找到了栖身之处。我当然不会傻到跟他们细聊我住的地方，或是我经常搬家的实情，我的住房问题还远远没有解决。

“你能找到地方住，真是太好了。噢，对了，我已经把你的房间都清理干净了，那些衣服你现在穿也不合身，所以我就全给扔掉了。如果愿意的话，我可以带你参观一下。”多特说道。我一点也不想看，看了又有什么意义呢。即使多特保留了一些我喜欢的东西——譬如我小时候画的画——我也不可能把一大包废物放在背包里，满伦敦地背着到处跑。

伦敦国会山的景色怡人，我可以在这里连着坐几个小时，思考自己的人生。

这时我爸妈的身体已经日渐衰老，这也是我不想离家太久的原因。几年前，多特就已经被诊断出患有癌症，最初的时候她对病情总是轻描淡写，很长一段时间都看不出她患病的样子。她得了家里称之为难治性“身体下盘”疾病，即卵巢癌。她从来没跟我们提起过这病，也从来不跟我们讨论病情；亦或者，我会说我当时太年轻，在她首次确诊之时，我还没有意识到她这些年所经受的一切。不管怎样，她现在经常住院，实际上这是她头一次面带病容。她愁眉紧锁，比上一次我见她的时候更瘦了。她现在的状况让我担心极了。

“你身体怎么样了？”我问她道。

“还不错，但也不是很好，约翰。”她看着我的眼睛答道，努力向我传达这样的信息。她也没有多说，但是显然她的情况很糟糕。

杰瑞也是每况愈下的样子。他在晚年患上了哮喘，所以我总能听到他吃力的呼吸声，为此他不得不辞掉了工作。他辞职的时候才刚刚四十多岁。自辞掉工作后，他大部分时间都坐在家里，过着单调呆板的生活。他偶尔也会喝一瓶苹果酒或是一罐吉尼斯黑啤。但更多的时候，他会坐在沙发上边看电视，边喝着几加仑的茶或几大升可乐和柠檬汁。实际上，他唯一出门的时候就是去看门诊，没人遛布奇的时候他也不会带布奇出去散步。杰瑞是那种从来不看医生的人，除非他真的别无他法了。但是，有一天大卫发觉他的状况真的很糟糕，又咳嗽又哮喘，鉴于此大卫赶紧叫了一辆救护车。经诊断，原来杰瑞的一个肾功能已经受损，因此他接受了透析治疗。因为透析的原因，他现在的脾气变得更暴躁更乖戾。当我出现在他面前的时候，我能看到他眼里的愤恨。

“我们可不想再惹上更多的麻烦。”有天我离开公寓时，他警告我道。

我在家里并没有待多久。这是一个温柔的夜晚，我来到国王广场公园的长凳上坐着。故地重游，玩游戏卡车和易拉罐汤米游戏的日子仍历历在目，但又似乎过了一个世纪那么久。我现在已经成年了，在现实的世界里摸爬滚打，才发现生活是如此的艰难。

我没有精力或者说动力再回我最近新搬入的经济旅馆，所以我就脱下夹克衫放在长凳上枕着睡着了。虽然睡得并不舒服，但是夜空晴朗，至少我能躺着看星星。最舒服的是，不会有恶妇对着我大声训斥或是臭老头在我旁边打鼾。

我一点也不喜欢经济旅馆。第二天早上，我就决定以后在公园过夜，这是个不错的选择。但我还不想在老住宅区这里过夜。我不想以现在的状态碰见过去的熟人。而且，他们工作或是和女朋友结婚的时候，我已经入狱了，更别提我现在还是无家可归的状态。别的不说，光这一点就够让我难堪的了。我觉得我可能不会再跟这些人产生交集了，因为我们已经选择了不同的人生方向。当然，出于同种原因，我仍然躲避着杰基、马尔科姆和大卫。我原先就是他们任性的小弟，够让他们头疼了。除非我有一天东山再起，成就一番事业，否则我是不会见他们的，我不认为这一天有多遥远。

那天晚些时候，我察探了一下周围的情况，试着找一个能够栖身又不易被任何人发现的地方，最后终于让我找到了一个绝佳场所。这是一辆废弃的旧沃尔沃旅行车，就在商业街住宅区的后面，我撬开门后就可以在里面过夜。

就像公园的长凳一样，不用再忍受经济旅馆房东的长篇大论，真是一件轻松惬意的事情。唯一的缺点就是吃不上早餐。第二天早上，我从西夫韦超市偷了一个三明治。不久后，我就早早起来看看能不能从当地零售企业那里偷点吃的。

尤斯顿路上有家工厂，距萧伯纳剧院不远。我发现厂里有几辆早餐车，每天一大清早这几辆车就会运送食堂饭菜。在送货员转身把餐车从货车上卸下来的时候，我就可以偷几品脱牛奶和两三个羊角面包了。不久，我就染上了小偷小摸的恶习。由于我的鞋已经破烂不堪，因此我就大摇大摆地进了位于牛津街的马莎百货，心想着偷一双新鞋穿穿。我进了唯一一家会把左右两只鞋都摆在架子上的店铺，那时候商品上还没开始贴标签。我志得意满地走出了店铺，把我那双破烂运动鞋扔在了店里。我用同样的手法在盖璞偷了短上衣和夹克衫，然后又在麦当劳或逊咖日记花了几英镑（吉米·多兰付给我的工钱）买杯茶喝。在服务员因为我待得太久而给我脸色看之前，我都会在那里待上很长时间。

我在沃尔沃旅行车里睡了好几个月，直到冬天来临。为了不至于睡觉的时候冻死，我找了些毯子和大衣盖在身上，这样我就能继续待在车上了，反正跟经济旅馆比起来，这里简直奢华极了。虽然听起来很奇怪，但我真的不想放弃这么私密的空间。如今，我已经在国王十字车站见过好几个无家可归的人了，我只有感到孤独的时候才会去那里溜达。跟处于相同窘境的人待在一起，总能给我一些安慰。我仍然记得有天在国王十字街对面咖啡馆喝咖啡时，听到车站附近响起雷鸣般的欢呼声的情景。

“发生什么事了？”我问另一个跟我坐在一起的流浪汉。

“不知道，伙计。我们去看看吧。”

那天是 1990 年 11 月 23 日，我们跑出去才得知撒切尔夫人下台的消息。所有的流浪汉都在欢呼庆祝，无一例外。我们对这个所谓的铁娘子都有些不屑一顾。对那些不走运的人来说，撒切尔就是劫贫济富的那个人。我们都很开心能够摆脱她的牵制。

我仍然会不时帮吉米干点活，虽然这份工作并不足以让我解决温饱问题。我别无选择只能申请领取福利金，我不得不说这很伤自尊。这是我人生中真正的低谷。我不得不认输，承认离开了父母我根本无法立足。我出生于一个勤劳的家庭，申请政府援助是我最不愿意做的事情。

随着冬天的来临，沃尔沃里变得越来越冷，几个流浪汉建议我可以去塔桥边的船澳街施舍去住，我想我可以去住一下试试看。那里的环境不用说一定很艰苦，但是恐怕再糟也不会有比国王十字街的经济旅馆更差的地方了。我到那里后，就发现这个地方真的很大，看着就让人毛骨悚然的样子，里边差不多有三百多个房间，供男男女女各色人等入住。过去在经营船坞的日子里（差不多八十年的时间），这里就是水手们休憩的场所。施舍有两个电视机房，一个大型游戏房。游戏房里有一个全尺寸的斯诺克台球桌，不过似乎每次维修台球桌时，桌面上都会有用刀划出的划痕。此外，还有一个大型的就餐区，不过这里经常沦为住户之间和住户与员工之间偶尔打架的场所。

我在这里认识了一些不错的人，当然也有很诡异的人和一些疯子。其中，有一个叫作王子的非洲人，他过去常常对其他住户说，他其实是一个真正的王子，只要他回到家，他就能成为国家或部落的国王或酋长——反正我是记不清他说的到底是国王还是酋长了。我记得还有一位我们称之为厨子杰夫的厨师长，他总是戴着一顶很明显的假发，我们总是拿他的假发来戏弄他。

我还遇见一个叫莱格西的人，他活泼好动，有趣极了，是一个跟我很合得来的家伙。他说本来是跟他妈住在一起的，他家就在商业街上，但是相比较而言，他更喜欢在施舍里住。很快我就注意到，莱格西手里有一大笔钱，对于一个无业人员来

要是能够在沃尔沃旅行车里享受五星级的服务，那该有多好！

说，这简直让人匪夷所思。

“你从哪儿得来的钱？”我问道，想要多了解他一些。

“商业盗窃。”他俏皮地眨了一下眼说道。

“真的吗？”

“千真万确。我才不想做什么入屋行窃之类的事呢。但是，商店和咖啡馆——那里有很多上班族，幸运的话我一天可以拿到三千英镑。”

莱格西说得确实不错，但我想里面可能也有夸大的成分；但不可否认，他手头上有很多钱。反正不管怎么样，旅馆里到处都是像我这样生活在短时间内不会发生好转的人。这里99%的人都是无业游民，大多都有酗酒、吸毒或精神问题。在国王十字街，你不会觉得自己不受人待见，但是这也绝非是一个适于栖身的好地方。

第十三章

“瑞安夫人，请你打开门，然后双手抱头，双膝着地！”

此时时针刚好5:00，这是1991年12月15日早晨发生的事情。距我因存折诈骗被捕已经过了两年的时间。杰瑞因为肾衰竭在医院治疗，因此家里现在就她一个人住。

“谁啊？发生什么事了？”她喊道。她被一阵捶门声吵醒，现在还有些迷迷糊糊的。

“我们是警察，我们需要找你谈谈。我重复一遍，瑞安夫人，请你打开门，然后双手抱头，双膝着地！”

“我有癌症，浑身疼痛，根本不能按你说的去做。”多特回道。

门外停顿了一下，然后警官又喊道：“好吧，那瑞安夫人，请你把屋里的灯全部打开，然后再开下门。”

她在寒风呼啸的晚上打开了临街门，看见前面公共走廊入口附近站着两个全副武装的警官。其中一个双膝着地，手枪对着多特的方向。另一名警官则拿着半自动机关枪站在搭档后面，也用枪瞄准多特。

“到底……？”多特打开门，看见外面的情景，顿时吓得说不出话来。她就不该出来，因为她一从楼厅出来，后面的门就砰地一声关上了，她没法再进屋了。警察说，他们是来搜查公寓的，但是现在还没拿到伦敦警察厅上级签发的搜查令，所以暂时只能原地待命。与此同时，多特被迫站在冰冷刺骨的楼厅里，哭得瑟瑟发抖。在警察确认她没有危险后，立刻把枪支都收了起来，但却仍保持着高度的戒备，所以当时的气氛紧张极了。

“我能进屋拿件保暖的衣服么？”多特向负责警卫她的警察乞求道。

“恐怕不行。”

“那能找人给我拿一件么？我快冻死了！”

“不行，这必须等我们搜查完才可以。”

“你们到底要搜查什么啊？”

“无可奉告。”

“难道跟我儿子约翰有关吗？”

“无可奉告。”

等警官拿到搜查令搜查的时候，已经整整过去了一个小时。警察进屋前，多特告诉他们说现在屋里只有布奇，而且它现在年纪已经很老了。

“所以，求求你们不要伤害它。”她乞求道。

警察仅花了五分钟的时间就搜完了整个房间，确定我并没有躲藏在家里。没错——他们要找的人就是我，一如既往。

警察一离开，多特就卧床不起了，身心受创、寒冷刺骨、捂着肚子痛苦不堪。后来证实史密斯菲尔德区的一家报刊店被人持枪抢劫了。而且，柜台老板被歹徒用手枪柄暴打，警察怀疑我也涉案其中。他们声称，作案现场的嗅探犬闻出了我的味道，这才有了刚才搜查的一幕。那天在我们家，警察搜出的唯一一件“凶器”就是我小时候的玩具枪——德令加发令枪。这把枪一直放在双门冰箱的上面，年代太久远，上面已蒙了一层厚厚的灰尘。

我最后一次去见多特的时候，给了她一个电话号码，方便她有急事的时候可以联系到我。后来多特给我打电话，我才知道了那天晚上总统住宅区里发生的一切。

“你不要来家里。”多特对我说道。她又恼火又伤心，甚至在电话里，我都能感觉到她快要哭出来的样子。“只要离我们远点就好。”

“如你所愿，我会照你说的去做。我真的，真的很抱歉，妈妈。”

后来，因为胃疼得厉害，多特住了两天院。圣诞节期间的几个星期，她和杰瑞都是在医院度过的。那时，我隐约觉得杰瑞可能会挺不住了，因为他现在往往透析就要做一整天。

如果我认为自己在家人面前的名声已经低得不能再低的话，那就大错特错了。对杰瑞和多特，甚至是我的兄弟姐妹来

说，我就是一个渣滓。一提到我，马尔科姆和大卫就无名火起，他俩拒绝再跟我有任何联系，就连杰基对我也没有好话说，虽然她极力想为我争辩。

随着新年的到来，多特的主治医生宣布，多特已时日无多，她是不可能再出院了。她的癌细胞已经扩散，自住院以来她的健康状况就在急速恶化。最后一次见她，我几乎难以自制。她看起来虚弱极了，那个活泼有生气、伴我长大的妇人已经一去不复返了。她遗言中有一句话是这么对我说的："约翰，你搬回家住吧，这样也好照顾你爸。"就连在生命弥留之际，她也在为我们着想。几天后，她就去世了，年仅 52 岁。

她的葬礼很隆重。300 名吊唁者聚在教堂里，他们之中有的是她的朋友，她以前或现在的同事，以前的邻居，还有国王广场附近的所有居民。没有一个人不对多特交口称赞。

不久，我就搬回了家里。多特去世前，我就已经在家里住了一段时间了，当然主要是为了照顾布奇还有医院里的杰瑞。自己一个人待在家里的感觉，真的很陌生，我只能对着多特以前坐过的椅子和她穿过的仍然挂在厨房木钉上的围裙发呆。尽管我很开心能抽时间带布奇在老住宅区附近散步，但我仍然不想再住在家里。

杰瑞知道，我之所以回来是因为多特的遗言。他也知道，他现在已无法自理，需要照顾。当然，另一种方案就是住进老年之家，但是他太骄傲了，肯定是不愿去的。我原本以为，照顾他是很容易的事情。但是，我错得太离谱了。

多特走后，杰瑞就彻底失去了生活的勇气。多特的逝世，肯定对他打击很大。虽然多特在世时，他们甚至有几周的时间都互不理睬。但是，他们已经习惯了对方的陪伴，对彼此有着很深的依恋。杰瑞真的很想念多特。

自多特过世后，杰瑞就整天待在家里，读报或玩填字游戏。那以后，他要么看电视、读书，要么打瞌睡。之前的二十年里，多特为他打理着里里外外的事情——外出办事、做饭、家务——而自我搬回来，我就接下了这些活。但无论我做什么，他都不满意。每天他都毫不掩饰对我的憎恶。

“你还回来干什么，你这个懒散的混蛋？”每天他都是这么问候我的。

如果我胆敢在沙发上打个盹儿，他就会说：“你还有脸睡觉，你这个懒散的混蛋！”

无论我做什么饭给他吃，他都会说：“这算什么狗屁东西？他妈的废物！就不能给我泡一杯好茶吗？”

照顾他简直就是一种折磨，让我身心俱疲。但是多特已经不在了，我不想再失去杰瑞，不管有多难，我都得坚持下去。

“为什么不出去散散步呢？”我说，“带布奇一起么？”

这时，布奇已经十或十一岁了，老得快要走不动了。

“那我们就慢慢走嘛，就在街区附近转转。”

“不去，那样我的恐慌症该发作了。”他会说。

“如果真那样的话，我们就回家嘛。”

“我要是晕了呢？”

“不会的。我会守着你的。”

“你他妈的连要做什么都不知道！没用的混蛋。现在，给我滚开，让我自己待会儿。我才不要出去。”

他唯一呼吸到新鲜空气的时候，就是站在敞开的窗户边的时候。他越是经常闲坐着无所事事，他的健康就恶化得越快，而越是这样，他就对我越尖刻。偶尔，马尔科姆、大卫和杰基也会带着孩子来看他，然后杰瑞就会当着他们的面说我是一个多么卑鄙的废物、混蛋。到目前为止，马尔科姆已经结婚，有了两个女儿——安琪儿和杰西，和一个儿子——杰克。大卫也结婚有了一个女儿——维姬，和两个儿子——乔和约翰，而杰基则有两个年幼的女儿——纳塔利和艾米丽。

马尔科姆和大卫回家后只是跟我打了声招呼，就再也没理我了。我一点也不怪他们。在发生了多特的事情以后，他们很难再原谅我。我确确实实是我们家的害群之马。每次他们一来，我就躲在卧室里不出来，因为我觉得这样对大家来说都是一种解脱。

我仍然靠商业盗窃、在商业街商店偷些东西来度日。

杰瑞知道我现在干的勾当。通过蛛丝马迹（我留在公寓里的各式衣服和鞋子），一般人都能想得出来。偶尔，他也会问问我的事情，好像他真的很感兴趣似的，但是他的性格真的很难捉摸。我不知道他是真的很喜欢我的故事，当然有时候是真的喜欢，还是单单为了辱骂、指责和攻击我，说着“贼头贼脑的小混蛋”之类的话。

很快，更多“买卖”就自动找上门了，尤其是在我跟莱格西（我在船澳街施舍遇见的那个家伙）来往频繁之后。我们在一起鬼混的时间越来越多，有时候我们干一票能拿到 5,000 英镑之多。我们抢劫的地方有饭店、裁缝店，还有货栈；只要安装有安防系统的地方及不会伤害到人（除了我们）的地方，都有可能成为我们下手的对象。这样来钱快，又简单至极，很快我就迷上了这个行当。

商业盗窃对我来说就像是一台印钞机，但现在想想，我真该适可而止，在走火入魔前退出。最终，我和莱格西在河堤地铁站附近的邓肯甜甜圈商店抢劫时被逮捕。当时，对面大厦里

好大的甜甜圈手铐！

的保安人员透过窗户看到我们在抢劫时，立刻就报了警。接下来，我们就发现被包围了，赶到现场的警车车灯发出的蓝光照亮了整个漆黑黑的商店。

莱格西一直反复叮嘱我，一旦被捕，千万不要拒捕。当下，我只能依令双手抱头，自动伸手戴手铐。

“要有礼貌，如果你守规矩的话，就可以获得保释了。文职警员才不会理会商业盗窃这类小案件呢，但是如果你拒捕的话，性质可就不一样了。”莱格西曾这样说道。

我照莱格西的叮嘱做，因为我真的不想再蹲监狱了。

第十四章

我在本顿维尔监狱度过了自己一生中最美好的二十岁时光。邓肯甜甜圈抢劫案后，我就被判入狱，后来又卷入一系列犯罪案件中。我先是被判入狱三个月，放出来后又因多次入室行窃，被捕入狱，就这样陷入循环的怪圈，找不到解脱的出路。

每次入狱，自甘堕落地脱掉常服，上交随身所有物时，我都把自己的尊严抛在了脑后。每次心里都有一种恶心的感觉，就像十八岁进费尔森服刑时吓得要死的感觉一样。这种感觉就像做了一场恶梦，梦中清楚地意识到自己不会这么快就醒过来。

问题是，我并不是因为贪婪或是想要好的东西才会一次又一次知法犯法的，而是行窃已经成为我的一种习惯，因为我实在找不到其他的事情可做。我仍然照顾着杰瑞，多特去世后他一如既往地爱发脾气，也是一如既往地孤独。和莱格西一起在晚上进行的“突袭”让一切都变得好过起来。作案时我总是很享受那种兴奋的感觉。每次在保险柜或商店找钱或是保险钥匙时，我都一副东奔西忙的样子。我喜欢这种刺激的感觉和以这种方式来蔑视警察权威的想法。我的作案动机从来都不是钱的原因。

本顿维尔监狱就在加里东道，沿这条路就能直接到我家了。监狱里全是臭名远扬的各类入室罪犯。他们中有谋杀犯、强奸犯等等——每种你能想到的罪行，本顿维尔监狱的囚犯都犯过。

我在那里的第一个狱友是一个爱尔兰大块头，他的脚是我这辈子闻过的人中最臭的。狱里没有电视，也没有收音机，我们的生活简直就是度日如年。那个爱尔兰人住在我的上铺，他总是把一双臭脚放在床边晃来晃去，那股臭味就一直在我鼻尖飘荡，久久不散。我恶心得想吐，但我更想做的是给他一个嘴巴子。

狱里的日常就是大脑放空，我猜这就是他们希望的，即留出充足的时间让我们想想自己的所作所为。牢门每天在早上8:30 开放二十分钟，在这期间囚犯可以到走廊上遛遛，要根烟抽或是跟其他囚犯换本杂志看看。9:00 时，如果你碰巧被罚劳动干活，狱警就会押你到监狱车间里去干令人沮丧又单调枯燥的工作，例如：把海绵块放到飞机上常用的一次性耳机里。如果拒绝干活的话，你就得接受再教育，前提是如果你想上的课有空缺名额的话，例如：计算机或数学课。车间简直就是我的救星。我已经多次报名想下车间了。监狱里无所事事的生活令我非常想念杰瑞房子里的窗户。我可以随时打开它呼吸新鲜的空气。但是，在监狱里，我们就没有这样的待遇。我被关在这里，短时间内哪儿也去不了。

后来，我决定金盆洗手。我周围烟雾弥漫，因为自从上次出狱以来我每天多多少少都会抽烟。由于抽得太多（差不多每天二十根），我试图减少抽烟的量。在监狱里时，杰瑞每周会给我十英镑的零花。他并不常来看我，这我一点也不奇怪，但我仍然感激他做出的努力。因为从他平日里对我的蔑视态度，就知道他一定做了很长时间的思想斗争。

“我一直就说你是个不折不扣的废物，比一泡屎都不如。我该怎么办呢？你根本就没想过，对吧？”当他知道我又入狱时咆哮着骂道。

他骂对了，我确实没想过，因为我不认为自己会在监狱里度过余生。结果却是，我又进了班房，留下杰瑞一个人照料自己，在家人看来这绝对又是我留下的另一大污点。

一天，我们买的两个新画板送到了。在此之前的五年时间里，我几乎没拿起铅笔和钢笔画过画，我已经荒废了太久。由于之前发生的一些事——无家可归、多特去世、杰瑞持续虐待——还有入狱（经常性的苦役几乎耗尽了我所有的创作精力），一切似乎都变得不重要了。但是一拿到新画板，我的心情还是比往常要雀跃些。我拿起钢笔，开始画画。开始的时候，我脑子里一片空白，但是拿笔的手感却很好，童年对漫画迷恋的记忆立时涌上心头。就好像自带自动导航仪一样，没几分钟画板上的画就开始成形。我把自己封闭起来，不到一刻钟就沉迷在创作里无法自拔。我花了很长时间才完成了自己的第一幅囚犯们在本顿维尔监狱高墙内四处走动。

画：自十九世纪以来的第一场赤膊战。我从几天前一本图书上看到的古老版画（威廉·荷加斯的《杜松子酒巷》）上得到灵感。我记得俯瞰这幅画时，感觉就像看到两个男人在打架。

生活于我就像是一个大型的拳击比赛，目前为止我一直都是输家。但是，我仍有翻盘的机会。

一个叫奥布莱恩的狱警那天正巧从我们牢房经过，我的画作引起了他的注意。他进来后，直接朝着画板走去，想要仔细观摩一下。他艳羡地说道："我喜欢你的画，画得真好！"

他的举动让我很意外，特别是监狱禁止我们在墙上挂东西。

"谢谢，已经好几年没画了。"我对他说道。

在他打量画的时候，我看到笑容在他脸上绽开。我知道他是真的很喜欢。

"给你吧，有一天定会卖出好价钱的！"我说道。

在我出狱的时候，那幅画依然留在画板上，他的赞美让我永生难忘。这点燃了我创作的热情，它让我相信，有天我也可以成为一名艺术家。

但是想要成为艺术家，仍然还有一段路要走，因为那时的我还有其他需要优先解决的紧迫问题：首先是服完刑，然后是出狱，最后一个也是最棘手的一个就是再也不要回来了。这成为我人生中的唯一目标。

之前，我对硬性毒品几乎一无所知，直至后来和一个叫汤米的瘾君子共处一室。通常一进监狱，你就能快速戒掉毒瘾。那时，本顿维尔监狱没有专门的烟毒勒戒所。通过和汤米聊天，我很快就猜到他已经好几个星期没有吸了，顺便说一句，他当时毒瘾犯了，浑身哆嗦，不停地出汗。

“听着，你能帮帮我吗，伙计？”他向我乞求道。

我全神贯注地听他说话：我愿意做任何事情，只要不用看他当时的那一副难受样儿。

“怎么帮？”

“你能割破我的手腕吗？”他可怜兮兮问道。

“你在说什么胡话？”我回道。

“如果你能割破我的手腕的话，我就能住院了。”

“如果你自己割的话，你也能去！”

“但是我现在不能。”

“为什么不能？为什么要我来？”我问他。

他朝我递着刮胡刀刀片，不达目的死不罢休地看着我。

“好吧，但是我只割一道浅浅的口子。你可别动啊，现在别跟我瞎胡闹。”

他伸出胳膊，把头转向另一边，我试着在他胳膊上割出一道长长的浅口子。这样流出的血足以把他送到医院了，但是又不会对他产生多大的伤害。我几乎没使多大力气，只是划破了他的皮肤表面，但是汤米的胳膊突然像是开罐器下的豆罐盖子一样撕开了，简直深可见骨。

我们两个吓得尖叫起来。震惊中，我割破了自己的左手，血一滴一滴流下来。我的血流得比汤米都要快。他的胳膊看起来就像是屠夫的砧板，但是几乎一点血也没有。

后来我才知道，他的胳膊之所以会这样是因为他手臂注射次数太多，导致皮肤特别脆弱。总之，忘掉突然彻底戒毒的事吧：汤米现在正在牢房里尖叫着跑来跑去。我不得不用毛巾把他的胳膊包起来，让他冷静下来，同时捶着牢房的门，喊着救命。

“这个蠢货划破了自己的胳膊！”我对跑来的狱警说道。

汤米得到了保外就医的机会，因为伤口实在是太深了。他自称是要自杀，后来在医院缝了五十针。几个星期后他回到牢房时，他的眼神呆滞，脸上的表情犹如僵尸，原来医生一直给他注射大剂量的安定和抗抑郁剂。

汤米本来只是想爽一下而已，看到他现在的样子，我只能安慰自己说：我这样做是为了他的将来着想，至少可以帮他戒掉毒瘾。

服刑间隔期内的生活并没有实质性的改善。当然，我很开心能够恢复自由，但是一想到要回家，我就又充满了恐惧。杰瑞的健康每况愈下，他也变得愈来愈咄咄逼人。每次一回去，我就知道又要面临他变本加厉的辱骂。

“你他妈还回来干吗？”杰瑞会说，“我根本不需要你，你这个废物，滚开！”

有时候，我会睡上一整天，但是也无法下定决心离开家。和我一起长大的朋友全都离开了，周围的邻居我一个也不认识。这些儿时伙伴有的搬离了伦敦，但更多人，都像我这样锒铛入狱。

布奇已经快走到生命的尽头，我知道我终究要对它实行安乐死。一想到这儿，我就感到恐惧。在我还是十岁孩童的时候，布奇就陪在我身边了，虽然我并不常待在它身边。它身上承载着我时刻相伴和幸福快乐的记忆，就像现在乔治之于我的意义一样。我可以猜想它的想法，也可以告诉它我自己的想法。

“别担心他，他就是一个可怜的老混蛋！”杰瑞把我从家里赶出来时，我会这样对布奇说。我带着布奇出来呼吸一下新鲜空气。“他不是存心的，他就是一个生病的老头儿而已，别把他的话放在心里。”布奇看着我的眼睛说。

尽管家里人都讨厌我，但至少布奇是站在我这边的，我喜欢这样想。

布奇已经很老了，而且还生了病。现在，对它实行安乐死就是它最大的解脱了。这一天还是来了，我把它带到医院，由于没钱搭出租车，我们坐上公交车，踏上了最后的旅程。我把布奇抱在怀里，让它躺在我的大腿上。离荷洛威宠物医院越近，我就越恐惧接下来会发生的事情，这让我无法不去想杰瑞离开我后的情景。我不知道如果连杰瑞也离我而去的话，我该怎么办。

我对布奇最后的记忆是兽医尴尬地把它抱在臂弯里离开，以便给它注射安乐死药物。我可以看出布奇的痛苦，注射时它四腿蹬地，笨拙地扭动着。兽医背过身去、走进门之前，布奇久久地注视着我。我也看着它，再看最后一眼陪伴我十四年的朋友和伙伴。这就是我们的最后一面。我敢肯定，它也知道这是我们的最后一面了。我不能亲眼看它离我而去，那样对我就真的太残忍了。如果乔治要走的话，我会在那陪着它的——我已经做好了决定。我只是希望这天不要太快，最好是许多年后的一天。

布奇的死去是我人生中最难过的一天。我童年时的宠物已经离我而去，它的离去好像也带走了我身体中已经死去的那部分。我已经二十四岁了，我感到如此的孤独，感觉我已经找不到活着的意义了。

几天后，我信步走出公寓，朝儿时喜欢去的地方走去。最后，我来到了布里克巷，想着儿时的梦想就是逛遍伦敦所有有名的市场，想着那时候听过的所有骗子的故事……

“时间永远不会为谁停留！”我在熟悉的街道上漫步时想着。即使你什么也不做，就像我一样，它也会朝着你无法预料的方向逝去。

布里克巷街角处，婴儿用品店的旁边站着一个亚洲男人。我看到有人朝他走去。显然，他正在卖毒品，他把毒品包在小球里，藏在嘴角。谈成一笔交易，他就往手上吐出一个小球。

这种小球是用切好的塑料袋做的，塑料袋在便利店就能买到，就是那种红蓝条条的袋子。把袋子撕成红蓝条条后，再分别切成小小的红蓝方块，每块包一勺毒品，再用小绳打结防止粉末撒落。红球里面包的是可卡因，也就是街上人尽皆知的“白粉”；蓝球里包着的是海洛因，也就是所谓的“棕色糖”。

毒贩子把毒品放在嘴里方便在警察出现时一口把它们吞下去。我以前没见毒贩子这么干过，我朝这家伙走过去问道：“你卖的什么？”他说今天只有可卡因，冲动之下我花了三百英镑买了二十个小球，差不多花光了我身上所有的钱。

一次，我在朋友家里吸食了一点可卡因。我觉得，这正是我现在需要的，可以帮我摆脱现在郁闷的心情。我没有想过现在自己的困境，也没想过自己如果染上毒瘾该怎么办，我只想着如何摆脱现在低落的情绪，让我暂时逃离现实的苦闷。

大概又过了三个月左右，在经历了糟糕的一天后，原因除了杰瑞还有我抑郁的情绪，我又找到那个毒贩子。

“还有可卡因么？”

“没了，伙计，只有棕色糖。”他说，也就是海洛因。

一听没有，我就走开了，感觉不仅失望而且绝望。为什么他只剩海洛因？因为狱友汤米的缘故，我一直很讨厌海洛因。想想他发起毒瘾时的样子，戒断时为了解脱竟让我割破他胳膊，我手上的伤疤不时提醒着我他当时的样子。

但现在我也开始动摇起来，我实在是太沮丧了，我需要化学药品的刺激。我的心情一下子变得沉重起来，从毒贩子身边走开时腿上就跟灌了铅一样的沉重，连呼吸都觉得费力。就在脑子里各种负面情绪袭来时以及各种声音响起时，我终于说服自己买了二十英镑的海洛因。

“只是一丁点量，我就吸一点儿。其他毒品我也吸过了，不是也没上瘾么。”我自言自语道。我脑子里有一个严厉的声音在回荡，试图向我证明我刚才的决定有多愚蠢。

我把两英镑量的海洛因放到锡纸上点燃后，抽了起来。无家可归时，国王十字街有很多吸食海洛因的，这种方法就是从他们那里学到的。即使我在“追龙”（即吸食海洛因）时，我也在想着它有多危险，但是我太绝望了，为了解脱我已经不在乎了。

后来，我暗自庆幸没有吸食过量。第一次吸食后，我并没有上瘾。只是第二天觉得有点嗜睡、浑身有点疼而已，其他并没有什么特别的感觉。我想我是真的没有上瘾。

1996 年冬天，杰瑞重病缠身，最终于 1997 年 1 月去世。他星期一住的院，星期天就过世了，享年五十八岁。就在他彻底不理会我之前，也就是入院的时候，他对家里的其他人说他不想再见到我。

当我去怀特查佩尔区的皇家伦敦医院病房去探望他时，一个护士拦住了我，拒绝让我进去探视。

“活见鬼了。”我一边说着，一边从她身边挤过去，直接走到他的病床边。杰瑞的意识时清时不清，但是他听见了我刚才制造的骚乱。他睁开眼睛看见是我后，就哼哼着说：“你来干什么？”

还没等我回答，他姐姐就出现在我身后，抓着我的胳膊肘迫使我转身：“继续走，约翰。这里不欢迎你。”她说。

我并没打算争辩。“好的，我知道了。”我迅速答道。我甚至没有回头看杰瑞一眼。就这样——在他生前，我就这样见了他最后一面。家人把他埋在伦敦金融城墓地，紧挨着多特。他只比她多活了五年。

杰瑞死后，我就搬出了总统住宅区。因为这是一个三室公寓，因此市建住宅委员会需要将其收回，以供其他家庭使用。离开这里，我说不上难过，尽管这里曾是我唯一的家。一切都变了。儿时的记忆，看着妈妈在厨房水槽忙碌的身影，或是从窗户里注视着杰瑞的日子，最好还是留在另一个世界里。我童年的美好记忆已被我这几年的所作所为破坏殆尽。

我搬进了莱韦尔街上麦克尔斯菲尔德住宅区的一所单人公寓，但是由于我拖欠租金又没去参加收回听证会，因此后来又被赶出来了。我没参加听证会是因为我又被判短期徒刑进了本顿维尔监狱。

慢慢地，我吸食海洛因的剂量越来越大。我以前每三个月才吸食一次，剂量增加后，我差不多一个月吸食一次，然后又变成每三周吸食一次，最后变成每两周一次……在我二十八岁时，我已经养成了每天吸食两次的习惯。

开始，每次吸食我都试图得到化学药品的拥抱，就像第一次感受到的那样热情、温暖。但是，不论我怎么或是多少次“追龙”，我都找不回那一种感觉。这就是海洛因的危险之处。很长时间以来，我都不认为自己染上了毒瘾。但是现在想起来，我在第一次吸食的时候，就已经上钩了，因为我不断地吸食更多，试图寻回最初的感觉。我厌倦了这种求而不得的感觉，因为我毒瘾并不深，因此并没有出现戒断症状。

现在，我行窃越来越频繁。这已经不是为了小偷小摸，享受买到新鞋或是时髦衬衫的感觉，主要是因为我需要钱买毒品。偷钱买我想要的海洛因已经占据了我的生活。每天早晨一醒来，我脑子里想的就是这件事。

在这最美好的十年光阴里，我一直处于这种悲惨的境地，直到遇见乔治。

第十五章

“你觉得搬到斯旺菲尔德街怎么样？”乔治看起来并不感兴趣的样子：“听起来不咋地。你笑什么？”它的表情好像在说。

最后一次在监狱刑满释放后，我就缠着市建住宅委员会的人帮我找一个更大的地方住。我的小套房就在皇家铸币街上，空间比牢房还小，但是自从乔治住进来后，就显得更拥挤了。我不认为它比九个月前我收留它的时候大多少，但是可以肯定的是，它现在已经成长得自信满满了。比起刚开始来的时候，现在它占据了更多的空间。乔治很快就变成了这所小套房的房东，在房间里跑来跑去，就像它是这个房间的主人一样。它伸直四肢躺在沙发上，兴致一来立刻用力在沙发上抓出一个大大抓痕。

“朝边儿点！”每次我想在沙发上躺一下的时候都得说一句。当我让它坐在地板上时，它都眉头紧皱，现出一副很难办的囧样来。几分钟后，它起来在房间里走上差不多十圈，就会回到沙发这儿来，非要跟我争沙发位置。“现在轮到你朝那边点儿了，你这懒散的蠢货。”它的表情好像在说。

不论如何，市建住宅委员会已经帮我在东伦敦斯旺菲尔德街的邦德里住宅区找到了一间一室一厅的公寓，这应该是整个欧洲最古老的市建住房群之一了吧。只要空间比现在大，我才不管在伦敦哪个地方呢。何况，这座公寓还在肖迪奇高街附近，简直是撞大运了。肖迪奇高街离我从小长大的家很近，我从小就对那里很熟悉。

我跟乔治搬入公寓时正是 2010 年的夏天，而我也刚刚过了三十九岁的生日。我的行李就是身上穿着的衣服和一个开罐器（用于打开乔治的罐装狗粮）。公寓并没提供家具设备，房间里除了地板空空如也，我甚至连一个炊具都没有。市建住宅委员会给了我二百英镑补助金供公寓装修用。最后，我买了一块地毯和一张床。

最终，补助金也快用完了，我甚至连房租都快负担不起了，更别说食物和账单或是公寓的装修了。单靠乞讨已经不能勉强度日了。

“我们该怎么办呢？”我对着乔治说道。我站在硬地板上，紧挨着它，想要找出答案。“我不能再到街上去玩那些老把戏了，是吧？”

自遇到乔治以来，我已经被法院定罪三百多次，单单入狱就超三十次。

你可能会认为我做贼被抓那么多次，肯定不是做贼的料，

乔治在沙发上睡觉。

但事实是我发现在外面维持生计实在太难了，因此一到冬天我就会自动到监狱里去报到。那时候，我行窃时甚至会故意暴露自己的行踪，故意不戴手套留下指纹或是在擦伤胳膊流血后故意不清理。

我知道，抢着进班房，我简直就是自讨苦吃。但是，至少在监狱里我不用担心没地方住，不用自己养活自己，有时候真的很难在街上混下去。

从总统住宅区搬出来后，无家可归，在日间照管中心、旅舍或慈善会堂之间游移，或是睡在车上和棚仓里简直让人筋疲力尽。有时候绝望的我都想往警察局的窗户上扔一块砖头，然后伸手让警察给我戴手铐，这样我夜里就有床睡了。

我陷在这种循环的怪圈里无法自拔，直到乔治出现在我的生命里。我出狱后大约七八个月的时间，也就是 2009 年寒冬降临的时候，乔治出现了。正常情况下，我都会想着下次盗窃时懒散点，这样就能在监狱里暂时待上一段时间，等熬过寒冬，天气转暖的时候就能出来了。

结果却是，在我到处转悠想着行窃时丢一个大扳手的时候，乔治已经完全在我这里安顿下来。如果我去监狱，我和乔治从此只能擦肩而过了。事实就是这么简单。我们一起经历了这么多，我现在连想都不敢想这种可能性。第一次，我抓到了永远，我有了除我之外要照料的东西，它让我的生命重新有了意义。这些年来，我也遇见过几个女孩，也曾辗转有过几段关系，但是每次都维持不了多久，最长的时候也才几个月。我看见过我哥哥、姐姐们和孩子待在一起的样子和他们对这些孩子深沉的爱；而我对乔治的感情，同他们对孩子的感情一样。

当我们坐在凡车迟街地铁站外面，一个朝我们走来的富态女人开始极力夸奖乔治时，我就十分清楚、明白地知道了自己对乔治的感情。

“好可爱的狗狗！”她抚摸着乔治的头，大呼小叫地说道，“它真是太漂亮了！我从没见过这么可爱的斯塔福斗牛犬。我猜你也不愿意把它卖给我吧？”

听完她的话，我完全惊呆了，那种感觉简直难以言表。她以为她是谁啊，竟然想要买走乔治?

“它简直是太棒了，如果你愿意的话，价钱方面我肯定不会亏待你的……”她继续说道。她说她可以出价 2,000 英镑现金来买乔治，但是我打断了她的话。

“瞧，我没有要冒犯你的意思。女士，但是你有孩子么？”我问她道。

“有啊，但我了解斯塔福斗牛犬，我保证它会跟孩子很合得来的……”

“不，我不是这个意思。我是说，如果我想买走你的孩子的话，你作何感想？”

听了这话，她有些困惑地看着我。

“你看，事实上是，我把乔治当成自己的儿子来看待。我爱它，把它当成自己的亲骨肉来看待。就算给我 2,000 英镑，我也不会把它卖掉的，就算是十万也不卖。它已经是我生命的全部了。”

虽然我这样拒绝了她，但她仍对我很亲切宽容，没有因此而耿耿于怀。甚至在她离开时，乔治都是一副星星眼表情，好像也被她迷住了。

不管怎么，我知道这个话题已经就此打住了：就算天崩地裂，我也不会和乔治分开。虽然我不确定具体应该怎么做，至少在遇见乔治后的前几个月，我是迷茫的。在这世上，没有什么比乔治对我更重要的了。我爱它，我连想都不敢想我会失去它。

我和乔治一起坐在房间的地板上，想着那个富态的女人，还有她为了买乔治出的那笔巨款。2,000 英镑确实能解决我们当时的困境。

“乔治，早知道就把你卖给那位女士了。这样我就买一块好看的金表戴戴。”

乔治叹了一口气后躺了下来，把头放在两个前爪中间。它一副难过的表情，说实话我也很难过。

“嗨，听着，乔治，我就是开个玩笑而已。这根本与你无关。”我说道。它的耳朵竖了起来，仔细听着。

“咳，我就是这么想的，你这个傻瓜，”我笑道，“这是

42
George the Dog
Shoreditch, London

一件好事，伙伴。别担心。”

我想起那些乔治陪在我身边的日子。从收留它的那天起，我就几乎没让它离开过我的视线。就算去特斯科买罐装狗粮的时候，我也不会把它直接拴在外面。我总是会请一个信得过的朋友帮我看着它一会儿，然后我就尽快买好东西回来找它。

一方面，我是怕那个苏格兰疯子的出现；另一方面自从那个富态女人试图出高价买走乔治的事件后，我就害怕有人把乔治从我身边偷走。

当然，留下乔治自己出去偷窃就更是不可能的了。更何况，我还有一只跛足。我的身手已大不如前，不再敏捷灵活。如果我一夜之间被抓住又被送进监狱的话，那谁来照顾乔治，带它出去散步呢？我非常清楚如果我一旦入狱，那我就要永远地失去乔治了，因为绝不会有人替我长时间地照顾乔治。

一想到再被送入班房的事，我就对自己大声地说道：“我绝不会让这种情况发生的，我需要找份工作先。”

乔治端坐着，聚精会神地听着我自言自语，脸上的表情如同在说：“你这个蠢蛋，那你要怎么个找法？”但是我想让它了解我心里想说的那些话。我猜，我过去或许真的是个蠢蛋才会以为它会明白我的心情，但事实上它只是看似在听我说话而已。

我想我真的是一个蠢蛋，才会近四十岁了还没有什么工作前景。谁会招我这样的人呢——犯罪记录一大堆，都能有一个电话簿那么厚了吧。而且，即使某个可怜的家伙拎不清愿意雇佣我，那我要怎么在一边干活的时候还能一边把乔治带在身边呢？这完全超出了我的能力范围。

目前只有一条出路了，那就是乞讨。但是，我真的不想一辈子都以乞讨为生。可是，至少在短期内，我还得继续乞讨下去，不然我们两个都要饿死了。事实就是这么简单又残忍。

“快点，乔治，我们去肖迪奇高街上散散步吧。”我说道。

第十六章

肖迪奇高街与我儿时记忆中乏味、灰色、破败的景象完全不同。这条街上挤满了时尚的年轻人，一派熙熙攘攘的景象。远处的城市街景、宽门钟楼和其他摩天大楼闪闪发光，让我不禁感慨伦敦的变化好快啊！我和乔治沿街散步，这条街给我印象最深的就是城市文化与企业世界的轻松融合。从这些宏大的摩天大楼开始沿街直走，就会看见墙上画着色彩斑斓壁画的古老工业建筑，壁画精美细致，吸引眼球。我听说过班克西，如雷贯耳，了解他为了提高街头艺人的地位所做的努力，但我真的没想到街头艺术会变得这么流行，风靡各个地区。我甚至一开始都没听说过这个词。能够住在一个如此重视艺术的地区，让我有一种回到家般的亲切感觉。

此时，阳光明媚，街上一派忙碌的景象，带动整个周边地区都活跃繁荣起来。大街上，有穿着得体西服的城市小伙正从酒吧里走出来，有身上粘满白灰的工人在汽车间里吃着三明治，还有身上穿着各种潮流时装的女孩（其时髦程度不亚于橱窗里的模特）和成群的学生在街上乱转。

我看见一位老人坐在人行道上乞讨。虽然今天特别暖和，但他还是把自己裹在一个絮棉花的大睡袋里，似乎没人觉得这有什么可大惊小怪的。我目不转睛地看着他，路上行人有的朝他点点头算是打招呼，有的也会给他几先令。这真是暖心的一幕。第一次在肖迪奇高街散步，我就被它迷住了，感觉自己好像进入了一个崭新的世界。

尽管困难重重，但我和乔治将会勇敢面对。我们最后在离地上车站最近的地方、高街尽头德士古加油站旁边的一个繁华地段停了下来。以前在塔丘和利物浦大街的地铁站乞讨的时候，我一般都是站着四处走走，问路过的乘车上班族要些零钱；但在肖迪奇高街，我感觉放松极了，所以选择坐在人行道上，当然乔治坐在我旁边。

我在面前放了一个咖啡纸杯，先是安静地坐了一会儿，感受一下周围的氛围，看着周围忙忙碌碌的人群。开始有人往我面前的纸杯里放钱，我甚至都不用开口要。有些人会跟我聊上几句，称赞一下乔治或是问我它的名字。

天气暖和的时候，因为人们不会步子匆匆地往家赶，而且这时候他们的心情通常也很好，乞讨也总是容易些，但我从没想过会这么容易。显然，肖迪奇高街上的人已经习惯了街上的乞丐和无家可归的人。后来，我每天都固定在同一个地方乞讨。

我们每天讨到的钱足够我和乔治吃喝，甚至还会有些盈余。

现在的日子，让我感觉好极了，我不用再想着去偷东西维持我和乔治的生活，但我的态度仍然很坚决，我不会永远都乞讨的，因为我讨厌向别人乞讨。别人扔到杯子里的每一便士，都像是在打我的脸，让我觉得羞愧、难堪。想到我现在正在自己家门阶上乞讨，在儿时和家人一起走过的街上乞讨，这比在其他地方都让我难堪。如果我在乞讨的时候正碰到杰基或是马尔科姆或大卫走过，那么我将羞愧至死，死上一千次都不足以洗刷我内心的耻辱。他们住的地方离肖迪奇都不远。害怕他们见到我现在乞讨的样子，这种想法一直折磨着我。我发过誓，等我安顿下来，才可以去见他们。但现在这个目标仍是遥不可及，而且我也没有更好的计划，因此只能回肖迪奇高街来。靠着那些善良的人的接济，我和乔治勉强度日，目前一切都还不错。

几周后，我想还是坐在加油站对面的街上更好一些，因为那条街人行道上有绿色的金属配电箱，如果坐那里的话这些东西可以替我挡些风雨。这样一来，我在犯关节炎的时候也会舒服一点儿，而且那里的视野也更开阔。伦敦金融城就在我的左侧，高街对面的维多利亚式古老建筑群就在我的正前面。这种毗邻而坐的感觉真是美极了。

我训练乔治让它坐在那里，并在它的面前放一个杯子，搞成好像是它在乞讨的样子。这样做有两个目的：既能吸引路人的注意力，提高我们的收入，同时又会抚慰我内心因为现在的处境而产生的难过感觉，因为杯子不是放在我的正前方。我简直不能相信乔治能为我做这么多。我第一次见它的时候，它还是一只难于驾驭的小狗狗。真的难以想象它现在竟然训练有素地坐在嘈杂、繁忙的街道上好几个小时，一动也不动。

我一直在想，我该怎么离开这里，靠着正当的收入养活我和乔治。看着肖迪奇高街周围的艺术品，我开始想能不能自己画些东西来赚几英镑呢？有些街头艺术，我自以为并不出彩，这也给了我自己作画卖钱的勇气。

正如你想象的那样，我其实并没有多少信心。我已经好多年没有画过东西了，我现在也不知道自己还行不行。

“不要觉得只有像毕加索那样有天分的人才能赚到钱。”我心里想。我看着乔治，想着一定要好好照顾它，给它一个温暖的家。

“你觉得呢？”

“尽管去做好了。”乔治说道——或者至少我认为它是这么对我说的，“面对现实吧，除了画画，你还会什么？”

“什么也不会。”

“那还犹豫什么，说做就做吧。”

“但是，如果我连画画也不行了，该怎么办？那样，我们的情况只会更糟。”

“不试你怎么知道。你现在一无所有，你还怕什么？”

好几天，要不就是好几周，这些想法都萦绕在我的脑海。

如果非要给
人家拍照的话，
请往帽子里投币
（一个也行，两
个更好），不然
人家就要咬人
喽！愿您度过美
好的一天——狗
狗乔治。

我一直拖延着，直到有一天我实在厌倦了坐在人行道上无所事事的感觉，我才开始画位于自己正前方的古老建筑群中的一座的一部分。一画起画来，我就感到很兴奋。而且，我的手感还是很好，毫不费力的感觉，周围喧嚣的一切似乎也静了下来，我聚精会神地画着建筑的细部。我产生了一种积极向上的感觉，就像心里有了目标。这是我始料未及的：不用坐在街上无所事事，也不用等着有人把钱币投到乔治面前杯子里的感觉实在是太棒了。

画完以后，自我感觉还不错。第二天，为了有所提高，我又画了同一座建筑。这座建筑的具体地址是肖迪奇高街187号，以前是一家皮革和绒面革老店。我以前都是画人像和漫画人物，但是现在我却迷上了肖迪奇高街尽头的古老建筑群。越是破旧，在我眼里就越迷人。我找到其中最破败的一座，开始描绘断壁残垣的微小细节，那些碎砖块、崩塌的门框和窗台，甚至屋顶上的涂鸦和街头艺术，我也画了进去。

画画就像一缕清风吹走了我所有的苦闷。而且，我也不再觉得自己只是一个乞丐，我爱死了这种感觉。这就像是对着路人说：“我是一名艺术家，正在寻找工作中。”而不是说：“行行好，给点钱吧。”我现在虽然还没过于乐观，但是我的情绪绝对比以前要高涨许多。

刚开始画出来的东西并不完美，但是即使在情绪低落的时候，我想的也只是需要多加练习。这也是我反复画同一建筑的原因；这就是所谓的“学习”。目前阶段，我还没打算卖画，因为这些画其实都没有最后画完，而且画得也并不是太好。话虽如此，进步也是有的。

另外，就算我画的肖迪奇高街建筑能够拿得出手，我觉得也不会卖多少钱。因此，我开始想如果要赚大钱的话，最好的办法就是自学水彩画。接着我就幻想着，可以去汉普斯特德画些豪华建筑，然后再卖给那些富得流油的屋主。

“祝我好运吧，伙计，成败就在此一举了！”每当在配电箱前面坐下，我就对乔治说道。

乔治总是坐在那里一动也不动，面前放着一个咖啡纸杯。每天，它都会先看看纸杯子，然后再看看纸和笔，就像在说：“别再磨洋工了。”

然后，它就坐在那里，一副若有所思的样子，留我自顾自的忙着。

一赚到足够的钱，我就拿去街那头的美术店买好纸和细尖黑笔。寒来暑往，我练习着画脏脏的烟囱、弄坏的电视天线、墙上的涂鸦、大楼顶上长出的野草、建筑群的一部分及砖头的微小细节。

最后我还是选择一直画相同的两座建筑——肖迪奇高街187号和189号——为了力求准确、抓住各细节，我简直画了不下两千遍。虽然可能听起来有些单调乏味，但是却从未有过这种感觉。这跟重复画一大盘水果的感觉并不一样。尽管我每天都坐在肖迪奇高街上的同一个地方，但是我眼中的风景却常看常新。脚手架和翻斗车来了又去，店面一夜翻新，穿着得体的学生到处转悠，等等，都装饰了这里的风景。

每天，风景都在变化。眼见着这条街变成了一个大型的街头艺术和文化中心，我想定格肖迪奇高街原先的样子，否则就再也没有机会了。我从来不画人，我只对古老的建筑感兴趣，关键是这条街上的环境和氛围感染了我。

一两个月后，我自我感觉有了进步，我开始觉得自己已经是像样的艺术家了。虽然大部分时间看到自己的作品时，我仍然会想画的是什么垃圾。

“你觉得怎么样？”它看向我时我会问它道。

我敢保证它肯定会说：“一堆狗屎。”

我知道自己还需要不断改进，但我也清楚自己确实已经取得了一些进步。我每天都到街上去画画，风雨无阻。下雨的时候，我和乔治就全身都裹上黑色垃圾袋；天冷的时候，我就给乔治披上粗呢大衣，把它牢牢裹住。我先是给它披在背上，然后把大衣袖子绕肚子一圈系上，这样就像把它裹在温暖的毛毯里一样。对此，它从来不抱怨；事实上，它总是静静地站着，方便我裹上大衣。

一个星期五的晚上，一个去街那头的布朗脱衣舞酒吧喝完酒的醉汉喊道：“嗨，伙计，天儿是真他妈的冷！”他想告诉我，现在这个时候应该带乔治回家了。

“你他妈还是管好自己吧，你也该回家休息了，伙计。”我回道。

有时街上的人对我也会说些闲话。有些女人会说：“哦，它这么坐在那里，不冷吗？”

我会对她们说：“是的，如果我把它留在家里的话，它才会发疯呢。它喜欢出来。”

事实上，我并没有说谎。每天只要一听见我开门的声音，乔治就迫不及待地要出门了。它总是比我还要急切地想要出去。每当我把它单独留在家里，它就会发出呜咽的悲鸣。

“看看你，你这个愚蠢的家伙，我只是去街角的商店而已。我出去的时间连十分钟都不到呢。”我会说。

它的表情总是像是在说：“我知道你说的十分钟有多长。”

一天晚上，我路过哈克尼脱衣舞酒吧时，我看见一个门卫站在外面人行道休息。

我回头又看了一眼，我对这张脸很熟，但是我花了一两分钟才认出他是谁。他是奥布莱恩，以前本顿维尔监狱的狱警！他就是那个喜欢我画的那张画——《自十九世纪以来的第一场赤膊战》——的家伙。我知道他现在肯定认不出我来了，或者也不想认出我，所以在这种情况下，我也没有向他作自我介绍。但是一看见他，我就想起了他对我的赞美，他的话让我信心倍增。

“你知道吗，我一定要成为一名艺术家。”那天晚上我对乔治说。我一定会成功的，我有很强的预感。“我一定会变成

一个大富翁的，你看着吧。”

乔治看着我，无动于衷。因此，我又继续说道：“到时候，布拉德·皮特也会在好莱坞电影中扮演我的角色。可惜的是，比起我来，他长得略逊了些。”

我又开始幻想着跟马尔科姆和大卫恢复来往后的情景。我经常想起我的家人，在坚信自己一定会成为一名艺术家后，我就幻想着告诉他们的那一天。我一定会功成名就，让他们都为我骄傲，为我自豪。

前年，也就是 2009 年年初，在看当地电视新闻的时候，我突然听见播音员说：“邮递员大卫·莱恩被伊丽莎白女王受封英国爵位……”

我惊呆了，眼睛直勾勾地看着报道。太令人意外了——我哥大卫因其对社区的贡献被授予英帝国勋章！即使他现在已成为一名邮递员，但他仍然继续在时代业余拳击俱乐部担任拳击教练（每周三课时）。此外，他还做了很多志愿服务工作，例如帮助流浪儿童等，做出了非凡的成绩，真的很了不起。“是的，我妈一定会为我骄傲的。”当记者问他家庭的情况时，他对记者说道。他的话让我脖颈后的汗毛都立了起来。

大卫已经五十多岁了，这个时候在电视上见到他真的相当令人震惊，更多的是振奋人心。我真的很为他骄傲，这也让我更加迫切地想跟他们恢复来往，然后也让家人为我骄傲。

下雪的时候，我仍然坐在人行道上画画，因为没戴手套，我的手指都冻僵了。我绝不会因为寒冷就退缩，就算关节炎让我疼得要命，我也不会停止画画。毕竟，我已经在上面压了太多赌注。

“一定会成功的，你看着吧。”我对乔治说。

“最好是这样。”它看似回道。即使外面寒冷刺骨，下着冰雹或是刮着狂风，它也从未抱怨过。

我终于攒够了给乔治买一件厚外套的钱，大衣衬里是绵羊皮做的，这样就算天气再怎么恶劣，它也应该能够踏踏实实地坐在人行道上，就像它原本就属于那里似的。

很快，当地社区的人就接受了我的存在，我开始享受坐在肖迪奇高街上的时光。每天熟悉的人都会跟我和乔治打招呼。

我认识很多无家可归的人和其他在肖迪奇高街周边乞讨的人，这些人有些就住在慈善会堂和旅社，这些地方我自己也住了好多年。他们这些人，大部分对我和乔治都很友好。

自从成为这条街上的常客，就有人告诉我，乞讨的人都会按轮值表轮流在肖迪奇高街的黄金地段——特斯科外面的自动柜员机处乞讨。他们都默契地遵守街上的不成文规定，然后轮流在那里乞讨，这点让我很喜欢。我并没有加入他们的行列，因为我喜欢街对面的位置。他们都知道那是我的地盘，从来不会闯入。

天冷的时候，乔治就穿着它的绵羊皮大衣。人们通常会问我，可不可以给它照张相。“当然可以。”我答应道。希望他

如果非要给人家拍照的话……

们能够往乔治面前的杯子扔几块硬币当作谢礼。不走运的是，大多数人拍完照就直接走开了。

最后，我不得不在旁边放一张手写便条：“如果非要给人家拍照的话，请往帽子里投币（一个也行，两个更好），不然人家就要咬人喽！愿您在花市度过美好的一天——狗狗乔治。”

大多数人都在旁边看我作画，对我的来历都心照不宣。我虽然并没有在面前放个牌子，但我的行为却实实在在地告诉人们：“我是一个失业的艺术家。”

“你不主动要钱，真让我松了一口气。你能坐在这里做点事情，感觉真的很不错！”有人对我说。

周五、周六的晚上，一般会有很多衣着奢华的城市小伙从运动酒吧里出来，他们都会给我十镑或二十英镑的钞票。他们给钱后，我都会递给他们一张我画的画，这样我的心里才能平衡点儿。这些画只是我学习时画的未竟素描，因为我仍然处于练习的阶段。但至少，他们也得到了一些回报。

曾经有三两个上进的家伙朝我大喊大叫道：“喂，为什么你不找份工作呢！”我做好了找份工作的准备，事实上我正等着机会来敲门。

我已经训练乔治有些时日了，训练内容就是：当我用手指向某人时，乔治就会狂吠起来。乔治很快就学会了，只要我教它的东西，它都能很快学会。如果它朝不该吠的人咆哮时，我就会抬高音量或是用手在它屁股上轻拍一下。但是，在我反复训练并对它大加赞赏后，我一用手指向某人时它就会立刻狂吠起来。

如果有人攻击或责骂我，我甚至都不用说一句话，只要抬起手臂指向他，乔治就会立刻咆哮起来，把那个人吓个半死。而且之后，那人就再也不敢找我的麻烦了。

我还训练乔治就算看到其他狗在附近也要一动不动地坐着。小狗，它是不放在眼里的。但是，如果是大狗的话，我就会保持警惕，因为附近有些流浪狗真的很好斗。

只有在流浪狗出现时，我就会立即不停地命令着乔治，当时的路人可能会觉得我的举动有些惊人，因为毫不夸张地说在流浪狗靠近的时候，我一直都在不停地做着“实况报道”。

“别动，乔治。好孩子，跟紧我，就待在那儿……”我一遍又一遍地对它说道。对于周围那些用怪异眼光看着我的人，我不想道歉。只要遇到流浪狗，我现在还是会这样命令乔治。尤其是像它这样没拴绳的狗，我必须这样做。

当然，不是所有的狗主人都会像我这样约束自己的狗狗。一天，一个家伙牵着比特斗牛犬沿高街向我们走来。他停在我和乔治面前，对着那条狗狗说了几分钟的话。他根本就没看管自己的狗,反正接下来那个该死的狗就张嘴咬住了乔治的喉咙。

在把两条狗使劲拉开的时候，他对我说道:“真的很抱歉，伙计！我真的真的是太抱歉了。”

“不要道歉了，还是把你的狗好好管教一下吧。若是咬到孩子，就没这么简单了。”

我不是说乔治很完美——远非如此。到头来，它终究只是一只狗，它也有我无法改掉的坏习惯。其中一个坏毛病就是，只要在街上发现旧破烂儿，乔治就会把它吃掉。不论它已经吃得多饱，反正只要找到别人扔的装满鸡骨头和鸡块的打包盒，它就会一口吞掉，连同打包盒一起。

“喂，你这个恶心的家伙。”我总是这样说它。我都会定期给乔治驱虫，这样就算它吃掉也不会有多大的问题了。它就是一个贪婪的家伙——这是它的本性。

它的另一个坏毛病就是过马路的时候注意力不集中。过马路的时候，我仍需要紧盯着它，因为肖迪奇的路况真的拥挤，如果我没有一直命令它跟紧我，它就很容易犯错。

在搬到肖迪奇附近之后，差不多有一年的时间，每次过马路的时候我都会尖厉地提醒它。一个星期五的晚上，我们穿过加油站旁边的马路时，一辆巴士突然拐弯停在了路中间。我当时走在乔治前面，但当我停下来看周围路况时，乔治仍然往前走着，越过巴士后刚好与一辆小汽车撞上。它大约被撞出有二十英尺远，毫不夸张地说，直接就撞在了这辆汽车的车头上。

“乔治！”我尖叫一声。它在被车撞飞的时候，我们的眼睛正相互对视着。这真是太可怕了，可是乔治立即站了起来，我赶紧把它牵到了马路边儿上。我朝汽车司机招了招手，示意这不是他的错，然后在马路边让乔治坐在了我的大腿上。

“它还好吧，伙计？”巴士站的一个家伙问道，“我的心都揪起来了。”

“看起来好像没事。你还好吗，乔治？”我说道。

它眨了眨眼看着我，好似在说：“这到底是怎么一回事？”

和它坐在人行道上，我检查了一下它的肋骨，还有它身体的每个地方，看看有没有骨折。它身上连擦伤都没有，甚至都不曾颤抖一下。我觉得，我受的惊吓比它都要多，只要一回想起当时的情景，我就浑身发抖。后来一段时间里，我都拴着狗

绳带它出去。

坐在人行道上画画有好几个月了，我和乔治已融入这条街，成为其中的一分子了。我觉得我们终于找到了归宿。只有儿时住在总统住宅区的时候，我才会有这种归属感。

“快看，就是那个人，他每天都坐在那里画画。那只狗也坐着不动，快看它！”我听见有人说。

我的建筑素描越画越好，我完全沉浸在了画画里。有路人会站在我旁边，看着我画，但有时由于太投入我几乎注意不到他们的存在。我单是画细节就要画上好几个小时，而乔治则会一直安静地坐在我身边，看着街上的人，几乎动也不动一下。最后，如果有人问我一幅画多少钱，我差不多每幅画都收十到二十英镑。这些画甚至都没有画完，只是我练习用的；如果我知道他们会买的话，我会画得更细致些，但还是有人抢着买走了这些画。

“除了建筑，你还画别的吗？”有天一位女士问我。

“你想让我画什么？”我回道。

“你的狗狗，可不可以给我画一张？”

我看向乔治，它穿着大衣坐在那里，面前放着纸杯，帅气又骄傲。她想要一张乔治的画，我对此一点也不惊讶。许多人都给乔治拍过照，本来我就想试着也给它画一张。当时看着它，心中突然茅塞顿开。它看起来是如此的平静，如此的坦然。我想把它所有的神情都画下来。

“当然可以，可不可以请你半小时以后再过来？”我说道。

“好的，谢谢你。多少钱？”

“十英镑，女士。”

我尽量表现得自信些，但是说实话我也不知道到底会画出什么样的效果。以前，我一次也没画过狗狗，但是要是乔治的话……就没问题了。

一提笔作画，我就感觉这将是我人生的一大跨越。肖像画不只是单纯把对象画下来而已，还要抓住所画的人或动物的神韵。到现在，我对乔治已经知道得一清二楚——它所有的怪癖、情绪和习性——我必须得公平一点，抓住它的这些特点。虽然这跟画周围建筑的技巧截然不同，但一开始画我就知道一定会不同凡响的。它明亮的眼睛，小肚子上的线条，粗短的鼻子，不仅这些，我还画出了它的所有——我最好的朋友。这和我期望的效果丝毫不差。搁笔再看这幅画，我开始懂了一些东西：这才是我这辈子彻彻底底完成的第一个作品，它让我赚到了自己的第一笔佣金。乔治是我重新开始画画的理由，现在也是它让我成为一名真正的艺术家。我只在作品底部简单署名“狗狗乔治，伦敦肖迪奇高街”。

那位女士回来看到我的画尖叫着说：“画得真棒，我非常喜欢！”但我对她的反应一点也不奇怪，因为真的抓住了乔治的神韵，她的反应让我更加确信了这一点。

狗狗乔治，伦敦肖迪奇高街

“我很高兴你能喜欢，真的非常开心。祝您度过愉快的一天！”

我尽量保持冷静，但我内心一直在尖叫：“我靠！我卖出了自己的第一幅画！他妈的，我终于成为一个艺术家了！”

从那开始，我每隔一段时间都会画一画乔治。另外，我开始每天在大街上卖画。我和乔治开始成为商店和办公室的上班族以及当地商人谈论的对象。肖迪奇周围的人突然开始对我、乔治和我的画关注起来。

我觉得自己正朝着成功的道路缓缓迈进。虽然我仍然生活在贫困线以下，但是去汉普斯特德画些豪华建筑的幻想已被我抛在了脑后，因为我还有其他更远大的理想。只要给我时间，我就一定会大有所成，我敢肯定。

“我要实现我的想法，我一定会成功的。”为了更有说服力，我对乔治这样说道。

每当我说这样的话时，乔治总是看着我，像是觉得我头脑发热说胡话一样，但我明白终有一天我会向它证明自己。

“别这样看我，你这个无耻的家伙，等着瞧吧。”我说道。

第十七章

一个星期五的午后，我照常坐在老地方画画，这时两个人过来问我能不能为他俩写的书画幅封面。听起来很新鲜。虽然我的画已小有名气，但是画书的封面又是另一回事了，听起来很专业的感觉。

“听起来不错，什么书啊？”我眼睛一亮，问道。

这两个人自我介绍说他们是创作作家——史蒂文·莫菲特和史蒂文·德雷，他们的书是一本精装书，名叫《肖迪奇高街：拥抱自由的地方》。书中收集了有关肖迪奇高街变迁的文章、图片和艺术作品，介绍了这条街上的当代天才艺术家们。我后来才知道，这本书收集的作品囊括了众多艺术家的杰作，从翠西·艾敏到吉尔伯特和乔治都有涉及。

透过这本书，我对街头艺术更加了解。我看到观光人群对着奇异的东西（如：粘在人行道上、嚼过的口香糖上的涂鸦以及一位名为本·威尔逊的艺术家的作品）评头论足。我徘徊在东大街街角，看着地下村墙上世界各地艺术家的公共艺术涂鸦。渐渐地，在与当地人的聊天中，我听到人们经常谈及著名街头艺术家施都凯和蒂埃里·努瓦尔等人，他们好像觉得我本就应该知道这些街头艺术家一样，但事实上这些艺术家对当时的我来说毫无意义。我向一个流浪汉朋友坦白承认了我的无知，他随后一一向我介绍了这些艺术家们。

“看一下文顿街的墙上，施都凯画的是挑夫，而蒂埃里·努瓦尔就是那个画了《柏林墙》的法国人。你看他的画，色彩艳丽的面庞、白眼厚唇。”我一一地观察着，完全记住了他们的作品。

了解这些后，我惊讶于自己能够通过这样一本书认识到这些艺术家的特色，更不要说翠西·艾敏到吉尔伯特和乔治之流了。实际上，我在高街见过吉尔伯特和乔治。他们就住在街头的布里克巷，我经常见到他们一起出来散步。我和他们暂时还只是点头之交。每天晚上，他们都穿着相同的花呢套装，经过我坐的地方。每次经过，他们都会看一眼我画的东西，然后指点几下。我的画竟然能引起像他们这么有名的画家的注意，真是幸运得难以置信。

坦白说，我从未听说 ROA 的大名，但后来我才知道他是一位世界知名的比利时街头画家，以画黑白相间的鸟类和动物而闻名。他在哈克尼区一家录音棚的墙上画了一只巨大的兔子后，在伦敦闯出了名堂，他在肖迪奇附近也画了许多让人惊艳的作品。

两天后（也就是星期天），我又在哥伦比亚路鲜花市场遇

见了那两个史蒂文先生，交给他们几幅我画的画。在其中一张画纸上，我试画了三个男人的脸；另一张画纸上，我画了皮革和绒面革老店及其周围的破败建筑。我在这些画上署名“约翰·多兰，肖迪奇高街2011年”，然后收了这俩人150英镑，并签了放弃版权的文件。

后来，我对这件事就渐渐淡忘了。我不知道这本书会不会成功或甚至能够得以出版，但是不论怎样，为一本书画过画也是一件往脸上贴金的事了。这让我更加融入肖迪奇高街的街头艺人群体，再一次增强了我的信心。

不久后的一天，我和乔治出门的时候，我的两条腿突然痛得要命，毫不夸张地说，真是疼得一动也不能动了。当时，住我对面的一个老家伙正从公寓出来，我发现他也拄着拐杖。因为我把自己的拐杖落在公寓了，因此我冲他喊道：“你还有多余的一副拐杖么？”

“没有，滚开。那儿有救护车——问他们要吧。”

街边有一辆救护车，但是由于我现在不能动，因此我自己打电话叫了一辆救护车把我送到医院拍了X光。乔治跟在我身后，我使出吃奶的劲儿，一直紧紧抓着它。我在想如果我的脚踝扭伤的话，那我照顾起它来就有难度了。但谢天谢地，医生说我的脚踝情况并不严重，只是关节炎突然发作而已。那天晚些时候，我自己拄着拐杖一瘸一拐地回家后，就服用了大剂量的止痛药。

第十七章

大约一个月以后，在和乔治坐巴士的时候，我又见着了那个叫我滚开的老家伙。他朝我走来自我介绍道："我是莱斯，很抱歉那天没给你拐杖还有对你说那些话。因为那天，我浑身疼痛难忍，所以心情不是很好。我真的很抱歉。"

原来莱斯是一名 HIV 病毒测试呈阳性的同性恋，患有骨质疏松症。我们两个聊了会儿天，感觉很投缘，后来他就邀我去他家喝杯咖啡。我向他透露了一点我的经历以及我在肖迪奇高街上作画的事。

"画画就是我的全部，也是改变我生活的唯一希望。"我对他说道。

除了乔治，我从未对别人说过这些事。能跟人聊聊这些事，真的让人松了一口气。我能感觉到，莱斯也很喜欢跟我聊天。临走前，他说道："下次再来噢，那本书出版的时候，我还想看看你画的画呢。"

看得出来，他很孤独。我向他保证很快会再来拜访。最后，我和莱斯成了很要好的朋友。每隔几天，我就去他家看看他的情况。如果我家热水停止供应的话，他都会允许我用他家的洗衣机，而我则会悄悄留二十英镑给他以表示感谢。虽然我总是戏弄地称他为"老皇后"和"妈妈"，但对我来说，他真的有点像一个妈妈的样子。我对他无所不谈，他总是因为过分关心我而一副大惊小怪的样子，乔治也有点被他宠坏了。

我告诉莱斯我以前在街上的事情，他则会给我讲世界其他地方发生的事情（因为他总是看电视新闻）。我已经不再看电视了，那些削减福利的新闻让我倒足了胃口。但是莱斯还是特别喜欢看，每次只要一见到他，他就会说戴维·卡梅伦已经采取了下一个举措。

我们之间的对话总是很有趣，有时我会看着乔治说："看吧，至少我还能跟莱斯正经八百地聊聊天。不像你！"听到我这么戏弄乔治，莱斯总是会哈哈大笑，为此乔治受了不少挖苦。

有时我还会对乔治说："嗨，乔治，你是唯一没拄拐杖的了，你就不能把水壶放在炉子上么？"莱斯听完又是笑得前仰后合。

一天，高街上一位女士来找我说，她在布里克斯顿开了间画廊。那时，我画了好多人物画；对此，她看起来特别感兴趣，还给我一张她的名片。

我还没想好怎么应付她的时候，又有其他几位女士陆续来找我。她们说举办画展的计划，同时也纷纷说自己也有间画廊。我后来安排在第二天见见她们，但是由于那天下大雨，所以这次会面就搁置了。

大约又一个月过后，又有人来找我。一群跟艺术沾边的人来找我说，他们要在高街这里制作一张R&B歌手莱马的录像带。他们问我有没有兴趣讲讲我的画，我又安排了几次会面，但最后不是以他们迟到就是再没露面而告终。最后我就没等他们，回家了。

我跟莱斯讲了这件怪事，希望听听他的意见。“你觉得我是不是应该再耐心些，或是再主动些？”

“听从你的直觉，你觉得他们靠谱吗？”莱斯一般都会这么说。

“不靠谱。或许我该跟踪他们，看看他们到底是做什么的。”

“就是啊。如果靠谱的话，你自会有感觉的。就把这些来找你的人当成一种恭维，等待更好的时机吧，这一天不远了。”

我听从了莱斯的话，继续做着自己该做的事，每天跟乔治坐在高街上画画，风雨无阻。现在乔治的一些画，我每幅收二十英镑，因为作画时我加了更多细节，花了更多时间进行修饰，特别是它穿着绵羊皮的画。

如果有人要求我画张他们爱人或是狗的画，我会让他们在旁边坐着，然后给他们画素描。当然，我还是会继续画高街上的建筑。后来街上又多了很多开发建好的工程，从某种程度上可以说，我的画就是记录高街变化的一部编年史，虽然一开始我并未有意如此。

肖迪奇高街 187 号旁边有一个旧广告牌，为周围环境增添了些味道。作画的时候，我会在广告牌上写下自创的标语。

因为莱斯的缘故，我了解到政府仍是把福利制度搞得一塌糊涂，所以我喜欢在广告牌上写下“戴维·卡梅伦是卡纽特的追随者”的标语。

卡梅伦推行的政策就是淘汰掉那些利用福利制度的人，但在领取救济金的人中，这些人只占很小的一部分。大多数人都是像我一样，需要政府的额外帮助，摆脱现在的困境。如果不是乔治陪着我的话，我知道我应该又会出去小偷小摸了。像我这种有犯罪记录、没有工作经历的人，只能靠这种不体面的方式弄些钱勉强度日。

不管怎样，这些广告牌还是给我带来了一些好处。甚至年轻的女孩儿都会停下来，爱怜地看着乔治，然后说道："你有卡纽特的画吗？帮我搞一幅呗？"她们的话听起来有些刺耳，但我也没什么可抱怨的。买卖归买卖嘛，反正一码是一码。

这条街上所有的一切，都营造了一种积极的氛围，让我很喜欢。我觉得，乔治对人们的大惊小怪和投注的注意力已经习以为常了，它脸上的那种嘲讽也日渐消失。

"我对你不得不甘拜下风，我们进展得还不错。"我觉得它肯定这样想。

第十八章

2012年8月的一个晚上，一个时髦的年轻人走到我面前，自我介绍了一番。我才知道，他叫理查德·霍华德·格里夫，与多个知名的街头艺术家共事，是这些艺术家的代理人。他还有个叫公民凯恩的助手，以在东伦敦墙上雕刻3D灵魂面具而闻名。

理查德——或者说格里夫——他是一个对自己经营的事业很有激情的年轻人。总之，言归正传，他过来对我说，他很希望能跟我一起合作共事。

他带着一种好听的口音对我说："我非常喜欢你的作品，如果我们一起合作的话，一定会做出一番成就的。"他看起来很有想法，明显是一个很聪明的家伙。他看起来也就二十出头的样子，但据他说，他在文顿街有一家办公室和一间画室，从那拐过街角就是我现在坐的地方。

我向格里夫提及了《肖迪奇高街：拥抱自由的地方》这本书和好几个人找过我的事，并透露出很有兴趣听听他的出价。

公民凯恩买了一张我的"戴维·卡梅伦是卡纽特的追随者"

的画，格里夫问我能不能画一张更大的带空白广告牌的肖迪奇高街 187 号的画，我没有推辞就应了下来。后来，他还到街前面的一家美术商店，给我买了一个大画布和许多笔（包括魔笔）。我向他保证尽快画完给他。

除此之外，我们互相也没再做其他的约定，也没安排会面的时间，更没达成其他的协议，但是我对格里夫却有很好的预感。他是一个有活力、有眼光的人，不会说些可有可无的废话。我喜欢这样。我们一定会合作得很好的，我能感觉到。

我花了几天的时间创作这幅大的建筑画，过程中魔笔的使用使这幅画有了一种波普艺术的感觉。当我坐在肖迪奇高街上画画的时候，有人问我可不可以买下这幅画。

“对不起，不能，这幅画已经卖给一个画商了。”我说道，这人又磨蹭了一段时间，我敢肯定当时乔治一定在傻笑。

正如格里夫所要求的那样，我把广告牌留白了。终于作完了这幅画，我高兴极了。

甚至乔治在看到这幅画的时候，都挑了一下眉毛。

“看起来不错，虽然有点自卖自夸。”我说道。

乔治只是转过身去，静静地坐在咖啡杯前面。我想，它肯定心里另有一番评判，因为它就是那种怀疑论者。

几天后，我拿着这幅包起来的画来到格里夫的画室。看到这幅画后，他惊呆了。他举起画来，从各个角度端详，又伸出手臂支着画，把它贴在不同的墙上，退后一步再欣赏一番。

格里夫端详着大画布。

“我喜欢这幅画，真的很喜欢。”他说道。也就在这时，他把自己的想法告诉了我。他想邀请一些街头艺术家把自己的作品画在我画上留白的广告牌里。说实话，我真的没领会到其中的理念。在我看来，我可以在广告牌上画自己的作品，就像以前画的那些标语一样。那时，我还不知道格里夫想邀请的不是那些年老的街头艺术家，而是世界上最优秀的艺术家。

我把画留在了他那里，他承诺会再来找我，我知道他会的。

同时，我把格里夫的一张名片揣在兜里，打算向一两个人

打听打听格里夫的情况。一个认识他的当地商人说：“噢，他啊——你千万不要信他。”听完我就不禁大笑起来。

“他绝对就是我要找的人，不管时髦不时髦，与我却是有一些共同点的！”后来我对莱斯说道。

同年九月，史蒂文·莫菲特和史蒂文·德雷又出现在我的面前，带给我一本新出版的《肖迪奇高街：拥抱自由的地方》。我画的三个男性面孔与皮革和绒面革老店的画占了两张 A4 纸版面，就在乔治男孩光面照片的前页。突如其来的幸福感，让我不知所措。我激动地翻阅着书页，浏览着那些个名人——如翠西·艾敏、吉尔伯特和乔治以及街头艺术家如施都凯和蒂埃里·努瓦尔等人的照片和文章。

这本书真的很不寻常，设计时尚，采用活页装订，零售价就卖 80 英镑。一想到后代人能够通过这本书看到我的画作，我就喉咙哽咽，思绪万千。

我会对伙计们说：“你知道吗，这是我最辉煌的成就，你不会明白它对我的意义。”

在小套房里翻阅这本书的时候，我对乔治说：“看啊，乔治，我也是一个出版过画作的艺术家了！”

乔治对此不发一言——既没露出讽刺的表情，也没其他表示。我倾向于认为，它能够感觉到现在发生的事情，但是只是想看看下一步还会发生什么，就像现在的我一样。

《肖迪奇高街：拥抱自由的地方》这本书让我充满了自信，

一天我决定拿着这本书到当地画廊看看是不是有画商对我的画感兴趣，说不定还能商量着开个画展呢。我自信满满，一腔热情地向画廊老板介绍了我出版的画作。但他们都是一副不感兴趣的样子，甚至都没有表现出最基本的礼貌，就一口回绝了我。实际上，他们就像打发麻烦一样把我打发了，这对我来说简直就是当头棒喝。那时，我才意识到在一本书上画几幅素描根本不算什么，我需要更加努力才能在艺术世界里闯出名堂。

接下来的时间里，我继续画着——狗狗乔治、肖迪奇高街和广告牌等的画，售价十到二十英镑不等。画廊老板的反应对我来说只是一个小小的挫折，我也只是在刚开始的时候有点失望，但这并未让我对自己失去信心。正是《肖迪奇高街：拥抱自由的地方》这本书，使我确信成为一名艺术家只是时间问题，我只需要不断努力，坐等时机，就一定会成功。我很乐观地相信，终有一天有人一定会自动找上门来。虽然我已经有段时间没有见到格里夫了，但我预感格里夫就是带给我转机的那个人。

随着时间的推移，我不时在画作中加入一些色彩，想出其他几个受欢迎的标语画在广告牌上。“一团糟网”就是其中的一个标语，讽刺了人们在网上随手丢垃圾的现象；另一个标语则是“性、毒品和摇滚，以及一杯好茶”，反映了我现在正走上正规的生活！

2013 年 2 月，格里夫到肖迪奇高街上来找我。这天又下起了大雨，乔治和我都坐在伞下躲雨。我记得当时心里祈祷着，

下个冬天一定不要再像这样在街上度过了。自第一次见面后，虽然已经过去了大概六个月的时间，但我并没有去烦扰格里夫。我一点也不担心，我坚信时机一到，他一定会再次出现在我的面前。

格里夫向我解释一直没联系我是因为他这阵子一直抽不开身，忙着准备达利奇和奇切斯特五六月份的大型街头艺术节的事宜。

我们又谈了广告牌的事情，即与世界各地街头艺术家合作的计划。

他透露了更多的细节，我津津有味地听着，不确定自己现在的投入是对还是错。尽管我的知名度不断提升，但我仍自认为自己只是一个普通的艺术家，在目前阶段与其他艺术家合作的想法就像大跨一步，跳进了未知的世界。

但格里夫仍很坚持，他透露，过几天他会与施都凯和蒂埃里·努瓦尔在街角的咖啡店（就在我现在坐的街对面）碰面。

“我希望你到时能来跟他们碰碰面。”他说道。那时，我对施都凯和蒂埃里·努瓦尔的大名已经如雷贯耳，我见过几幅他们画的壁画，但我并不觉得自己对他们的作品有多熟悉，因此我要求格里夫向我详细地介绍一下他俩的情况。

他告诉我，施都凯在东伦敦附近墙上画挑夫已经画了十多年了，在国内外享有很高的声誉。他还办过好多成功的展览，一直致力于支持国际特赦组织之类的慈善机构，这给我留下了很深的印象。而蒂埃里·努瓦尔因为在柏林墙上违法画了几英里的画而享誉世界，在其声名鼎盛的时期，他还曾与U2之流合作过。格里夫差不多在遇见我的同一时间在柏林遇到了努瓦尔，他邀请努瓦尔到肖迪奇的霍利韦尔巷的地下村（或VU）墙上与施都凯一起画画。地下村在伦敦是最负盛名的街头艺术墙。他们商量好在当地咖啡馆碰面，简要拟订一下未来的计划。

我同意与他们见面，但仍是有些不确定整件事情的运作情况。在与格里夫道别的时候，我看向乔治，想知道它是怎么想的。它脸上只有一种可以解释的表情："祝你好运，伙计。你现在最需要这个了。"

两天后，我们到咖啡馆的时候，格里夫已经和两个穿着对比度很高的夹克衫的两个人（看起来就像一对道路清扫工）等在那里。旁边还有一个年轻女孩，格里夫介绍说是他的助理，名叫卡利娜。

当我在心里琢磨着那两个著名的艺术家怎么还没来的时候，格里夫正向我介绍他旁边坐着的那两个不起眼的人。

"这位是施都凯先生，"格里夫先是朝其中一位年纪稍轻的人笑了笑，然后向我介绍道，"这位是蒂埃里·努瓦尔先生。"接着又礼貌而急切地朝另一位年长的点了点头，补充介绍说。

明显，格里夫很是尊敬这两位艺术家：他脸上的笑容就是证明。他待这两位就像是两个摇滚巨星，当然这是理当如此的，因为这两位在街头艺术的世界里，就是两大传说。我自己也跟格里夫一样，对他们非常崇拜。我们两个就像看见了最伟大的人物，能够坐在他们旁边，让我感到非常荣幸，浑身充满了能量。想到蒂埃里・努瓦尔在画柏林墙的时候，我只是一个十八岁的小偷（即将在费尔森服第一次刑），这让我惭愧至极。现在我们一起坐在肖迪奇高街的咖啡馆里，喝着茶，一起谈论着一起创作作品的可能性。对我来说，这简直就像是在做梦。

我现在终于弄懂了格里夫的庞大计划，对这个时髦的小伙子，我真是佩服至极，这真是一个了不起的计划。格里夫先是跟施都凯和蒂埃里・努瓦尔说，他想要邀请知名度高的街头艺术家在我画的肖迪奇高街的画上的留白广告牌里画上他们自己的作品，就像是他们在街上画的那些作品一样。在把我们互相介绍给对方后，格里夫想听听施都凯和蒂埃里・努瓦尔对这个计划的想法。

“我觉得这主意不错，非常酷。”格里夫把我的画给施都凯看后，施都凯说道。蒂埃里对此也表示赞同，他说：“这真的是一个巧妙的想法。而且，约翰，我也很喜欢你的作品，你将来一定会有一番成就的。”

他们两个人对我很友善，还这样鼓励我。他们两人的话，对我意味着太多太多。我能感觉到身上的肾上腺素都在奔流，兴奋难以言表。这两位出名的、受人尊敬的艺术家，不仅陪我坐在一起喝咖啡，而且还支持和我一起合作的计划。更重要的是，他们都清楚完成这样一个计划可能只是白忙一场，因为他们完全了解在街头上的日子，更何况是跟我这种无名小辈一起合作。

后来，我才知道格里夫对他们说，我的前途“不可限量”。换句话说，在经历了漫长的无家可归的日子后，我是真真正正地在街上讨生活。我现在仍然在街上工作，通过画画维持生计，他俩对此都很尊重我。

为了回馈他们一些东西，我送给蒂埃里·努瓦尔一幅我画的狗狗乔治的画，又送给施都凯几张我随身带的其他素描。他俩向我致谢，并祝我好运。

施都凯和蒂埃里·努瓦尔策划计划

道别后，我和格里夫一起来到他位于文顿街的办公室，继续讨论方案。当然，乔治也有跟来。

“你能在哪些方面给我提供支持呢？”我们在他办公桌旁边坐下后，我问道。

“约翰，你想让我怎么支持你呢？”格里夫反问道。

“帮我成为一名富有的艺术家！”我半开玩笑地说道。

“我可以办到！”他回答道。

“那你为什么要帮我？”

“因为我是一个好人。”

明显，他是在说反话，但是我和乔治仍在互使眼色。

“胡说八道！”我们心里都不约而同地说道。

我直接问格里夫他想要得到什么回报，如果我聘请他为我的画商的话。他的回答是：只要每卖一幅画，他会按一定比例从中抽成。

“五五分？”我笑问道，“天呐，你不会狮子大开口想要这么多吧？！”

我们愉快地结束了谈话，握手成交。我不会计较钱的事情，当然我也不会签订什么协议。格里夫对此没有什么意见。虽然我没有向他透露，但我是真的不想在下个冬天还这样坐在街上画画了，我希望他能对我有所帮助。

格里夫给我买了很多质量好的纸笔，我一回到街上就开始继续画广告牌的画了。不久，格里夫就来找我，并带给我许多好的消息和想法。施都凯和努瓦尔那里的反应都很不错，对于与世界各地艺术家合作画大型广告牌作品的事情，他满怀信心——而且我们说的可不是一般的艺术家。格里夫想把丝网印刷的绘画稿寄给他认识的、世界各地（从莫斯科到柏林，从哥伦比亚到洛杉矶）的知名艺术家。

这是一个雄心勃勃的计划。因为不知道格里夫跟这些人的关系到底怎么样，我也不能判断这个计划的可行性，但在与施都凯和努瓦尔碰面后，我对他充满信心。不要问我怎么会相信他或是为什么会相信他，我只是有强烈的预感，我们一定会成功。

格里夫说，他希望我再画些肖迪奇高街上的其他建筑的画，这些画要比我以前画的画都要大，再画更多肖迪奇高街的风景和乔治的画。

"为什么？"我问他道。我不明白他要我画其他画的意义。他要的这些画看起来跟我们合作的事情并不搭边。

"因为如果你把这些全画出来的话，我们就可以办一个画展了。"格里夫回道。他的话彻底把我弄懵了。我的作品真的可以在画廊展出吗？不仅如此，而且还是单纯我一个人的画展？如果一切都按计划进行的话，我的作品还会受到世界各地杰出街头艺术家的认可和润色。幸福来得太快，我被喜悦砸晕了。

"具体来说，办画展大概需要多少幅画？"我问道。虽然我相当激动、兴奋，但我需要确定是否真的能够办到他要求的这些事。

“除了和街头艺术家合作的画，大概要五十幅肖迪奇高街的画和五十张狗狗乔治的画。”他说道。

这简直是一项繁重的工程，特别是我并不习惯在有压力的情况下画画。

“你打算什么时候办画展？”我试探性地问道。

“差不多四五个月后吧。”

“在哪儿办？”

“这个，我还没想好。”

“好吧，那我现在最好赶紧开始回去画画了。”我说道。

我咧着嘴笑起来，尽管脑子里一片混乱。我不习惯肩上扛着这么大的责任，但我当然不想说或不想做一些事情，把这个机会搞砸掉。这是我人生中最好的机会，也是抓住我和乔治未来的最大希望。它还是我能够让家人以我为荣的一个机会。

第十九章

“约翰，告诉我，你有什么问题吗？”格里夫问道。这是我第一次见他这么生气。

我立即就明白了他的意思，我怯懦地在街上站起来。我知道现在不是说废话的时候。

“你什么意思？”

“喝酒、吸毒？”

我现在再想骗他已经没什么意义了。他为我做了这么多，我不想把我们两人之间建立起来的信任破坏掉。

“是的，我是喝过酒，吸过毒，而且吸了好多年了。但我可以解释一下嘛。”

我羞于承认，即使在收养了乔治之后，我仍然没有完全戒掉毒瘾。我每天都会吸食极少量的海洛因，来缓和出现的戒断症状。肖迪奇高街上的人都不知道我有吸毒问题。格里夫也是很久以后才知道的。最重要的是，我表现得很正常，完全没有瘾君子的样子，一点也不邋里邋遢、神经过敏，皮肤也不暗哑粗糙，眼圈也没有发黑。自从有了容身之处，我就很注重仪表，

每天都努力工作，与街上的人也交情极好。唯一的遗憾就是，无论尝试多少次，我仍然无法戒掉最后一丝坏习惯。

我向格里夫坦白了一切；我早就应该告诉他的。我还想告诉他，我并没有想着试图去蒙骗他。我已经习惯了按自己的方式控制自己的问题，这已经成为我的第二天性。我从不觉得有必要跟别人讨论这个问题。

他听完我的解释后，冷静地说道：“约翰，我需要你保证，你能完成这次画展展出的画。我可以相信你吗？”

“是的，我可以做到，我不会让你失望的。明天我就去看医生，接受戒毒治疗，这是我第一次有动力去做一件事，我一定会做到的。”我说道。

没过多久，格里夫就做出了他所谓的“穿越卢比孔河”的决定，这个决定更多的是靠他个人的直觉，而非出于商业的考虑。他先预付给我一千英镑作为画肖迪奇高街和狗狗乔治的画的酬劳，希望以此激励我专注于作画，而我则进行了另一种讨价还价。

“我只收一百英镑。”我说道，因为我不想把钱一点一点地浪费掉，我也没有银行账户可以存钱。

“你能先替我保管剩下的九百英镑吗？”

我觉得格里夫可能被我的反应惊呆了，但他仍同意了我的要求，他帮我把钱锁在了他的办公室里，告诉我随时都可以去拿，只要我有需要。

格里夫告诉我，在为画展做准备的随后几个月里，他从未承受过这么大的压力。“并不是所有的画展都能决定一个人的命运。”他现在对别人说道，而我却是个例外。这对我的账务问题、我的健康，甚至我的整个生命，都是一次赌博，要么成功要么毁灭。更何况，乔治的未来也押在了这次画展上。

格里夫现在对此已经不以为意了，但在当时这可不是一件好笑的事。我们打算开画展的时候，他从事艺术行业也只有几年的时间。他已经在筹备达利奇和奇切斯特街头艺术节的时候耗费了很多钱财。再加上还要付给我几百英镑酬金，并说服两个顶尖街头艺术家——施都凯和蒂埃里·努瓦尔加入这次计划。现在，正如他所说，在合作的画还没画好前，他又给了我一部分预付款。他为了把事情一样一样做好，通常每天都要工作到凌晨 2:00，真真是很辛苦的。

即使在这么大的压力下，格里夫仍能想出合作作画的计划来。如果他能设法让我爬到附近的屋顶上，我还可以把地下村的墙壁画在画中，这比让其他艺术家画在广告牌上效果要好得太多太多了。站在肖迪奇高街的高处看伦敦的地平线真是美极了，如果把这一切全画下来，对我来说也是一项新的挑战。他终于设法让我站到了特斯科后面的一个办公大楼的楼顶上，这个地方与我平常坐的地方正对着，比肖迪奇高街要高出很多。格里夫现在差不多都会来街上接送我，把我、画架、乔治等等抬到楼顶上。每次不能来的时候，如他所说，他都会吩咐助手卡利娜来陪我。楼顶的位置简直妙极。除了地下村墙壁外，我还可以看到后面改装的、以前用作美术画室的火车车厢。除此之外，还有赫伦大厦和宽门钟楼摩天大厦，在这些大厦左边可稍稍看到瑞士再保险总部大楼（当地人戏称为 Gherkin 大楼，Gherkin 即腌黄瓜的意思）的顶部；而近景则有位于左边的弯弯曲曲的地上铁路线，下面是熙熙攘攘的马路，铁轨后就是声名狼藉的战车桑拿店。

我一着手开始画伦敦的地平线，我的自信心顿时高涨；我比以前更加相信自己。为了画出完美的作品，我每天都从容不迫、不慌不忙地努力工作。这是一个漫长的过程，而且工作条件也不是很好。那些大厦里的上班族看到我拿着画板和一些杂七杂八的东西，和乔治一起穿过他们的办公场所时，都有些嗤之以鼻。天气也是一大问题，有几天楼顶上都是潮乎乎的，风也很大，这几天我基本都没什么进展。因为时间紧迫，所以我拍了几张伦敦地平线的照片，这样我就可以晚上在公寓里继续作画了。

为了作宣传，格里夫请到了当地的电影制作人——威尔·罗伯森·斯科特为我拍了一个短纪录片。我非常享受拍摄的过程，因为威尔又带我回到以前常去的地方，包括本顿维尔监狱。一路上我都在跟出租车司机炫耀说：“我们想拍这部片子是因为我即将在艺术领域名声大噪！”

此时，格里夫正忙于奇切斯特街头艺术节的事情。同我接洽的是两个摇滚乐手，他们原来是天堂地下室乐队的成员。他们原定要接受 DJ 爱丽丝·莱文的广播一台节目的采访。节目形式是，节目嘉宾要送爱丽丝和她的搭档男主持一份礼物。这两个摇滚乐手让我为两位 DJ 画一幅画，我照做了。此时，我并不善于画女性脸孔，我希望两位乐手能帮我向爱丽丝解释一二，因为我对自己的画很不满意——事实上，我简直把爱丽丝画得一团糟。两位乐手通过广播向爱丽丝传达我的歉意的时候，爱丽丝说道："能不能不要再说，他的强项不是画女性面孔！"这句话引起听众一番大笑，但是结果他们却开始围绕我展开话题。两位乐手尽可能详细地描述了我的样子，告诉了爱丽丝我坐在大街上画画的事，当然也没有漏掉乔治陪着我的细节。

至今为止，我讲的这些都充分证明，我作为一名艺术家真的闯出了一番名堂。国家广播电台也对我做了相关报道。每件事都朝着我希望的方向发展。

2013 年春天那段时间，是我一生中最勤奋的一段时间。我画肖迪奇高街和狗狗乔治的画，画到筋疲力尽，尽可能快速地画完卖给路人，以满足我和乔治的吃住需求。然后，卡利娜就会出现在街头，安排我到楼顶上去准备开画展的画。我都快急成了斗鸡眼，每天天一黑我的手指就累得隐隐作痛，但是手头的工作和心中的目标都让我感觉棒极了。

我必须承认，在我还是十几岁、没有工作、没有目标闲混的时候，我根本不知道埋头苦干，把辛辛苦苦赚来的钱交给收税员的意义。但是现在，我的想法完全改变了。终究，我知道了老老实实、卓有成效干完一天的工作是多么充实的一件事情了。

有时，莱斯也会邀我到他家做客，我通常会向他抱怨工作的辛苦。

“我一点也不同情你。你现在做着该做的事情，继续加油。”莱斯会说。此时乔治也会坐在他旁边，点头表示同意。吃完饭后，我会拿起笔，再画几张狗狗乔治的画。然后，我会继续跟莱斯聊会儿天，乔治则会趴在地板上打个盹儿。

格里夫迫切地想要把伦敦地平线的画复印出来，寄给其他的街头艺术家；他每天都会来检查我的进度。“我会把握时间的，不要担心了，我正在画呢。”我对他说道。

但是，格里夫还是担心得紧，为此他特地把画展推迟到了九月份。这不仅给了我更多的时间完成画展上展出的肖迪奇高街和狗狗乔治的画，而且也给了格里夫更多时间来筹备更多合作的事宜。

艺术行业向我呈现了一个崭新的世界，在格里夫告诉我他打算如何联系这些艺术家的时候，我全神贯注地听着。他解释说，他认识的一些艺术家很愿意帮忙，已经对合作事宜表现出浓厚的兴趣，如施都凯和努瓦尔；但也有其他艺术家还需要做一些说服的工作，他们要么不喜欢跟别人合作，要么就是工作安排很忙，很难查到目前的去向。格里夫认识很多大人物，在筹备五六月艺术节的时候,也和很多著名的街头艺术家见过面。但如果可能的话，他更想早点完成这个计划。

“ROA 来伦敦了，我邀请他在贝思纳尔格林路，也就是在肯德基的后面一面墙壁上画画。我希望到时你也能来，跟他见上一面，给他看下你画的广告牌的画，解释一下我们的想法，问他愿不愿意就此进行合作。”格里夫对我说道。

格里夫向我介绍了 ROA 的所有情况，我不敢相信自己能够见到这种级别的大人物。

“ROA？就是那个画大型单色动物和鸟类的画家？就是那个在钱斯街上画大刺猬的人？”

“是的，约翰。”

“但是，他简直就是一个传奇。”

“是的，他还是一个‘零妥协’的艺术家。”

“什么意思？”

“他不会勉强做他不喜欢做的事情。”

听到这，我有些打憷。但是格里夫说，如果我亲自面见他，并向他解释我目前的规划的话，我还是有很大的机会能够争取到和 ROA 合作。他想让我把画交给 ROA 看下，让他自己决定到底要不要合作。

这听起来有些脸皮厚，但是格里夫很有说服力。

“星期二和我在那儿碰面，到时候我会给你引见一下。”他说道。

我勉强地同意了。格里夫联系了一位Metro记者采访ROA，他已经告诉那位记者说：“你可以采访到处于两个极端的画家：ROA——一个巨星艺术家和约翰·多兰——一个仍在街上画画的艺术家。

我不想让格里夫失望，但是当我和乔治来到贝思纳尔格林路的时候，我紧张得要死。当天倾盆大雨，想到逃避见到ROA的那种压力感，一路上我几次想转身回到肖迪奇高街或是公寓里去。

格里夫和助手卡利娜及艺术家克里斯蒂安·纳高——以蘑菇雕塑而闻名，他把雕塑摆在世界上最奇丽的地方——都站在那里等我。

“好的，现在ROA正在边休息边接受Metro记者的采访。”格里夫边说边把我们带到小巷口，“约翰，只要有机会，你就进去跟ROA聊聊。”

我敬畏地注视着ROA，在他结束与Metro记者的采访时，我们几个已经站了几分钟左右。等我回过神来，格里夫已经扬了扬眉毛，猛地把头扭向正在吃三明治的ROA的方向，示意该我出场了：“现在你的机会来了，去和他谈谈吧，约翰。”格里夫说道。

我深吸一口气，不情愿地走到ROA身边，做了一番自我介绍。那个 Metro 记者仍待在那里没走，他意识到这就是格里夫所说的“两个极端画家的会面”。这个记者问了我一两个问题，这帮我打破了僵局。后来乔治也插了一脚进来：它一脸渴望地注视着 ROA 手里的三明治。我们一起照了张相，记录下了这一历史性的瞬间：我当时手拿着笔，画着一个建筑物；ROA 正吃着三明治，而乔治则“色迷迷”地看着 ROA 手里的三明治。这真是一张极富意义又生动的照片。

总之，对于接下来邀请 ROA 合作作画的事，我仍然心里没底。但是，如果再不说就来不及了，因为现在他已经准备开始画壁画了。

“你明天还来这儿吗？”我问道，我决定暂时先不问他合作的事情。

“是的。”他回答道。

“不介意我明天还过来吧？”

“不介意，没问题。”他说道。

第二天我来的时候，发现就 ROA 自己一个人待在高高的车载升降台里，边听着音乐边画着画。我站在那儿，饶有兴趣地望着他，看他如何控制喷雾罐画画。在走过去和他聊天之前，我自己站在那儿看了会儿。

最后，他终于画完，从车载升降台上下来，上了几个台阶，走到附近的屋顶上，审视一下自己的工作进展。如果格里夫在的话，我知道他肯定又会说“快，现在就是你的机会了，去跟他聊聊”，而我也这么做了。

ROA正听着手机里的grime音乐。我也很喜欢grime音乐，所以我们聊了一会grime，事实证明我们真的很聊得来。最后，我终于放松下来，跟他聊了两个小时的天，期间我一直在为自己打气，想要在道别前跟他聊聊我的作品。

终于，我对他说了我的想法，解释了格里夫想要邀请街头艺术家在广告牌上画画的事情，告诉了他目前计划的进展，以及我现在正在着手画的伦敦地平线的画，这样艺术家们就可以在地下村的墙上作画了。

“难道你不想作一幅吗？”我问道。

“好啊，没问题。”他这样回答道。

我心头那些劝说他的话，那些天人交战的纠结，一下子一扫而光。他就这么轻易地答应了。他真是一个可爱的家伙，根本就不是我战战兢兢害怕面对的人物。我向他道了谢，又待在那儿跟他聊了会儿天。在从屋顶下来的时候，我把广告牌的画放到他包里，划着十字，祝自己好运。

ROA在墙壁上画的是相互交错的鸟类和动物一起交战的场面，这幅壁画引起了很大的轰动。接下来的一周里，Metro做了专题报道，让我惊讶的是，报道中也提及了我的名字。我根本没想到记者真的会对我也做报道，高兴得都有些飘飘然起来，尤其是文章还提到了班克西。“见鬼了，我竟然和ROA及班克西出现在同一篇文章里，而且还是伦敦的报纸！”我心里美滋滋地想着，不可置信地看着乔治。

此时此刻，我已经把格里夫看成是一个无所不能的存在了。我完全相信他，非常钦佩他的热情和决心。我想，如果他能让我登上 Metro 报纸，那么他就能帮我达成我的任何心愿。格里夫仍然在找开办画展的合适场所，日子还没有具体定下来，但是开画展绝对是板上钉钉的事了,看到宣传册上印着我的名字，更让我确信了这件事的真实性。我不仅要办一场怀旧画展，我还会成为一名大艺术家,用自己的作品激励其他无家可归的人，对此我深信不疑。

我对格里夫说道："你能把布鲁斯·斯普林斯廷请来看画展吗？"我只是半开玩笑地说说而已，因为在我眼里，格里夫简直就是伦敦交际家，他可以利用关系办到任何事情。

格里夫哈哈大笑，我现在知道这有多好笑了，因为现在的他在我眼里就是一个普通的笨蛋家伙。

在 Metro 文章发表的那天，我给姐姐杰基打了个电话。在我待在肖迪奇的日子里，我一直都跟杰基有联系，告诉她我的近况。在我们分别的这些年里，我差不多每隔六个月左右就给她打个电话。我跟她聊了我和乔治在街上坐着画画的事，以及在乔治面前放咖啡杯的事。此外，我还告诉了她画画的事情，因为在东伦敦，好事不出门，坏事传千里，我不想让她从别人那里听到这些事。

"你一定要看 Metro 报纸，因为我和班克西出现在同一篇文章里了！”我兴奋地对她道。

“真的吗？你没开玩笑吧？”

现在我可以邀请她来画展了，这似乎是我们见面的最佳时机。

“杰基，我希望到时你能来画展的开幕之夜。到时，肖迪奇一定人声鼎沸，我一定会在艺术展引起轰动的，你一定要来啊！”

我对杰基说着开画展的感受，以及她来参加画展对我的重要性。

“因为我以前的生活方式，我不得不跟你们疏远了这些年。但是，我终于准备好重回家庭的怀抱。这是我向你们道歉的方式，让你们也能以自己的弟弟为荣。我好不容易才走到今天这一步。”我对她说道。

“好的，约翰，是见面的时候了！”杰基也开玩笑道。我不知道她还能说些什么——毕竟这是多年来我向她提出的第一个请求，这也是我人生中第一次打电话向她报告喜讯。虽然听起来有些难以置信：过去的大盗比尔竟然会变成今天货真价实的艺术家，而且还要在伦敦举办自己的个人画展。

我向杰基问起大卫和马尔科姆的情况，告诉杰基我希望他们也能来我的画展：“求求你，杰基，一定要说服他们来参加我的画展，好吗？对我来说，你们就是整个世界。”

可怜的杰基现在肯定很为难。“我不能保证他们会来，因为大卫和马尔科姆都要工作，而且他们确实很忙……”杰基说道。

显然，她不确定要不要相信我开画展的话，她也无法代替大卫和马尔科姆给我做保证。

挂电话前，杰基说：“保持联系，等你确定了开画展的日期和其他事情后，一定要通知我。祝你好运，约翰。”

“我会的，但我不愿再等了。”我对她说道。

第二十章

这次画展必须要成功。虽然我不喜欢在大雨倾盆的日子里去见ROA，但我还是去了。这让格里夫明白了我对这次画展有多么的重视，这也让他对我们着手的事情有了信心。我能感觉到事情在保持着良好的势头发展着，每天一醒来我就已经在想着画展的事情，难掩兴奋和期待之情。

我已经花了好几周的努力在画伦敦地平线的画了。功夫不负有心人，我终于完工了。毫无疑问，这是我至今为止画得最好的一幅画了。五月份，格里夫去参加他筹办的达利奇街头艺术节，随身带了一大堆伦敦地平线的印刷本。我则一边留在肖迪奇高街，时时刻刻、马不停蹄地作画，为画展做准备；一边赚几个小钱，维持我和乔治的生计。

大多数时间里，我工作得太投入，几乎到了冥想的地步。乔治静静地坐在我旁边，我则是默默地画着，根本没注意到时间的流逝或是街上的人群，除非他们直接对我讲话。

施都凯偶尔会过来和我们坐一会儿。他原先也是一个流浪汉，我们有很多共同的经历。我们之间建立起了真正的友谊。

他总是会给我很多鼓励，夸我有天分，理应获得成功。对此，我非常感激，因为我真的需要有人不时地鼓励。

虽然这些激动的时刻让我充满了能量，但是偶尔我心里的抑郁也会悄然抬头，疯狂地噬咬我的心，提醒着我它从未离去。这就是心理健康问题带给我的烦恼。我并不只是觉得闷闷不乐或是心情沮丧，而是在我抑郁的时候，我到了连自己都无法控制的境况。这时，我就会陷入极端的悲观情绪中。

"如果这只是昙花一现，我该怎么办。"在我心情极度抑郁的一天，我对施都凯说道。

"不会的，约翰，你要相信你自己。"他一直引导着我，激励着我，他的话让我吃了定心丸。

乔治，一如既往地，是我精神鼓舞的源泉。它是我的护身符，看到它就能想起我们一起走过的风风雨雨。遇到它之前，我的世界简直就是一团糟；再看看现在的我们，简直不胜唏嘘。不知怎地，在内心深处，我知道这次画展肯定会取得成功。但是，我告诉自己无论以后发生什么，我都已经取得了这么多的成绩，已经很了不起了，而这些都要归功于乔治。

"你这个小混蛋。"我仍然，也会一直这么对它说道。无论它在我作画的时候是想偷点食物，还是乖乖地蜷缩在地板上，待在我身边，都没有关系。

"你这个小混蛋，你知道这一点，对吧？"我对它道。它则会看着我，好像在说："只有同类才会相知。"我们是一对迷失的灵魂，终于找到了彼此，以后不管发生了什么，我们永远不会再分开。我会继续画自己的画，靠正当的收入生活，我知道我再也不会回到监狱里面了，因为只要乔治陪在我身边，我就会一直安分守己地生活。

萦绕在我头顶、威胁我要破坏一切的乌云就是我的毒瘾问题。我仍然没有完全戒掉。我走到现在才知道我需要在哪里获得帮助。我向格里夫保证，为了画展我会安排好自己，但是这并不是一件简单的事情。面对即将开办的画展以及手头需要完成的工作，我很难鼓起勇气去看医生。

我不断告诉自己，我必须在画展开幕前去看医生，这成为我时下的目标。这是我对格里夫的承诺，也是对与我共事的人和相信我的人的承诺。格里夫在达利奇筹办的艺术节取得了成功和积极的响应，这更成为我去看医生的理由了。我开始相信，如果我能走到现在，那我就能走更远，成功摆脱过去的阴影。

格里夫开始收到合作画家的回应，除了在地下村墙上作画外，他和 ROA 又想出了让其他艺术家在都市风景的其他部分自由创作的想法。

有一天，他在电话里对我解释道："我觉得我们可以通过真实世界物理学的视野，建议其他艺术家画现实生活中的景色。你觉得怎么样？"

"我明白你的意思了，时髦的家伙。你是说只画墙边和铁路线，就像是他们真正在街上画画一样，对吧？”

“我就是这个意思。这样就更像是梦幻的街头艺术了。”

“听起来不错，很有想法。真实世界物理法，嗯！你觉得呢，乔治？”

乔治一脸茫然地看着我。我们现在都指着格里夫过活了。对我来说，做些改变也未尝不可。能把一部分工作留给他做，我也求之不得。到了现在，我已经对他的所作所为有所耳闻，他是一个值得信任的人。蒂埃里·努瓦尔也参加了格里夫筹办的达利奇艺术节。多亏我们在咖啡馆里碰过面，他已经完全了解了整个计划，愿意也做好了参与的准备。他是第一个在伦敦地平线上作画的画家。对此，我非常感激：因为他，才产生了一系列的滚雪球效应。

“除了地下村墙，在一些隐匿处和裂缝处也画些你在现实生活中常画的东西。”格里夫提醒努瓦尔说。他知道努瓦尔是一个很随和的人，不介意他这样提点一下。

努瓦尔很乐于效劳。他在地下村墙下画了经典的黑色轮廓的面孔，涂上亮红色；然后又在广告牌上加了几处小细节，在铁轨下面画了货车的后面。

除了努瓦尔，还有其他许多街头艺术家都参加了格里夫的达利奇艺术节，包括来自意大利的 ROA 和 RUN 以及来自西班牙的里杰恩。格里夫把努瓦尔的画放在桌上供他们欣赏，有一天这幅画终于引起了 ROA 的兴趣。

ROA 实际上并没有画完我在贝思纳尔格林路上留给他的那幅广告牌的画，但显然他还记得我，也对我提的想法（也就是现在努瓦尔所做的工作）感兴趣。

现在，ROA 的加入真的在业界引起了轰动，因为其他艺术家都知道他只参加感兴趣的项目。一天晚上，他坐在桌子上，在铁路桥上画一只鸟。自他后，就像打开了泄水闸门，其他在达利奇的艺术家也纷纷加入进来。例如里杰恩，在另一幅印刷本上画了一位云端的大神。同时，格里夫又寄给世界各地其他艺术家几十张印刷本。虽然一些艺术家已经完成了自己的作品，但为了坚持原创，在看到 ROA 和里杰恩的杰出作品后，又被格里夫鼓动进行自由地创作。

施都凯很早就画了自己的作品，非常引人注目。他画了一个黄皮肤的巨型挑夫，挑起了整个宽门钟楼。RUN、Dscreet、BRK 和 Malarky 的作品也很有启发性，对我们的想法有了新的诠释。有的艺术家甚至在同一印刷本上合作，这是我始料未及的。整个过程充满了新鲜和刺激。将每个艺术家的独特风格放在一起，简直就是极与极的大碰撞。这些艺术家对我作品的积极响应，让我受宠若惊，深受感动。在完成所有的部分后，格里夫开始努力做宣传。为了引起客户的兴趣，他把几张画家的合作作品拿给客户欣赏，按他的说法，这叫作“售前展览”。这对我来说，都新鲜至极。我直接把宣传的事宜都交给他打理，希望能够取得最好的效果。我在画伦敦地平线的画时，还加了一个乔治的小素描。不仅如此，我打算在所有的画里，都画上乔治，我确信它就是我的幸运符。对于画展的成功，我的信心与日俱增。我坚信所有的画都会出售一空：我骨子里就能够感觉到。

贴着世界各地邮票和邮戳的合作作品不断被寄回来。至少有一两周的时间，那个联邦快递员都会拿着邮递的硬纸筒出现在格里夫办公室门口。然后，格里夫就会把我从高街叫过去，揭开“硬纸筒的神秘面纱”。打开每幅合作作品，看着各地艺术家在我的画上合作作画的方式，真的非常令人激动。为了记录这一时刻，乔治和我把每幅寄来的画都拍了照片。

现在，我认识的艺术家越来越多，也与他们有了些交往。一天，班克西的老友——罗迪出现在格里夫的工作室。他在火车轨道上画了一条鳄鱼，和一个颜色亮丽、极富细节的单独夜景。画出来的效果，简直绝妙至极。“我一直对格里夫说，我希望有人能有勇气，飞越天空，超脱整幅画作——而你做到了这一点！”我对罗迪说道。我很高兴能有人这么做。此外，我也很喜欢公民凯恩的画，他在黄金叶上画了一个印度大神；至今，我对他的画仍是欣赏不已。

有些艺术家要求抽出最终成交价的几成作为报酬，但大多数画家都是免费画的，他们很清楚我现在的境况，一穷二白、白手起家。

每次有我不认识的、享誉国际的艺术家来伦敦，格里夫都

会帮我安排与他们会面交流。每次一想到能与他们碰面，我就兴奋不已，因为我感觉每见一个人，我就离他们更近了一步——与成名更近了一步。虽然每次见面都很开心，但有时在为画展做准备的日子里，我对未来越来越不确定：就像我一脚留在了过去，一脚踏进了未来。

有些时候，我还是和过去一样，和乔治坐在街上，在它面前放一个咖啡杯，就像一对乞丐。因为我声名日盛，我卖出了很多画作；但有些时候却一幅也卖不出去，这在街上是常有的事。在这种安静的时刻，我就饱受抑郁的折磨，时刻担心自己再回到从前。这种担心很不合情理，因为我知道画展一定会轰动一时，但我仍禁不住这样想。

其他的时候，我又会情绪高涨，兴奋得像要飞起来，感觉自己就是一名货真价实的艺术家。街上的行人围拢在我的身边，看着我作画；或是，格里夫打电话让我去他的办公室一趟，因为他又收到了联邦快递员送来的、从马德里或是纽约寄来的硬纸筒。

让我心烦的是，我自己本身就没有安全感，这种感觉挥之不去。即使我满腔热血向别人宣告，我要征服整个艺术世界，我内心仍然有一个小小的声音在说：“我希望，这不是一句废话！”

我有时会带乔治沿街区或是到鲜花市场那里散散步，清除心中的杂念，理清头脑中的思绪。“我到底在忙些什么啊？”

我心里的声音说道。“但是如果我真的一炮而红了？我才不想一炮而红呢！”乔治仍跟往常一样，翻着人们丢弃在垃圾筒里的食物，但只要我一声令下，就会立马回到我身边来。至少，并不是所有的东西都在变化，至少我身边还有一位最好的朋友，永远都不会改变。

大约在这个时候，我收到了市建委员会的另一封信。收到信的那天，我仿佛又见到了以前那个蠢货——约翰·多兰的影子。信函要求我支付拖欠了八百英镑的租金。更糟的是，我需要在一周的时间内缴全额租金，否则我就会被赶出公寓。但坦率地讲，我现在真没有这么多钱。

对于租金的问题，我只能选择眼不见为净。我一直集中精力为画展做准备，就算高街上的行人想买幅画，我也是一口拒绝。截至目前，格里夫一直催我画几幅原创的、记录高街历史的大型建筑画，而他要求的五十张狗狗乔治和五十张肖迪奇高街的画，我连一半都没有画完。

我现在浑身冒汗，惊慌失措。只要一想到要被赶出公寓，我就感到全身不舒服。我和乔治已经在这里住了三年了，这是我们的家。目前阶段，再在街上流浪的话，我简直无法想象。我已经四十多岁了，已经承受不了街上那种颠沛流离的生活；在生活开始出现转机的时候，简直不敢相信我还会让自己陷入如此尴尬的境地。

但是，我也没有向格里夫要回他替我保存在办公室的九百英镑，虽然目前看来这是最简单的解决办法了。这是关乎荣誉的事情。我可不想让他知道我即将被人赶出公寓的事情，这简直太丢人了。我无法允许自己低声下气地问他要回这笔钱，至少不是现在，特别是在他为我付出了这么多的时候。

第二十一章

我要再一次证明，我可以靠着在肖迪奇高街上卖画，来还清债务。于是，我挺直了脊背，下定决心继续作起画来。过去的我决不会有解决这种事情的干劲，但我现在已经改头换面、重新做人了。我站在人生的十字路口，面临着抉择：成败全靠自己。我知道，只要我督促自己，就一定能在几天内赚到足够的租金。有人问我能不能买下我为画展准备的那些大型建筑原创画，我知道这样一来，我可以卖出好几百英镑。但我是不会为此私自把画展上的画出售的，因为这对格里夫不公平。但我还是决定先暂缓一下画展的工作，先画些狗狗乔治和建筑的画卖给路人，把拖欠的租金交上再说。

四天的时间里，我坐在冰冷彻骨的街上，一刻不停地画画，连喘息的机会都没有。尽管我冻得死去活来，但我还是做到了。我筹到了足够的钱来还清市建委员会的贷款，保住了我和乔治的家。

这让我产生了一种前所未有的成就感。我根本不需要别人的帮助：我可以靠自己摆脱困境。如果乔治是我的救星的话，那么我的才华则拯救了我们两个。我不希望在我的街角看见那些贪婪的人，更何况是在我的家门口。我继续画着画，专注于准备画展上展出的画。对于路人投进乔治面前咖啡杯的每一分硬币，我都心怀感激。正是他们的爱心，支撑我和乔治走到了现在。

而也正是他们的爱心，我才坚持到重大时刻的来临。这一天，格里夫走到我身边，告诉我一个天大的好消息：他通过售前展览卖掉了五幅合作的作品，售价15,000英镑，这对我来说，简直就是一个天文数字。这确实是我生命中决定性的一刻，这一天我永远不会忘记。

当然，这笔钱目前还取不出来，因为客户只是开了发票而已，但这并不影响我目前的心情。我现在手头并不需要现金，但它的意义，却非同凡响。这次售前展览取得的成功证明，我过去几个月里的希望和梦想都不是空穴来风，不久之后一切就会变成现实。

我没有告诉任何人关于这笔钱的事情，除了我的姐姐杰基，因为我得说服她来参加我的画展。我不确定她是不是相信我说的话，但这对我来说不成问题。

“这个格里夫，靠得住么？”在我告诉她售前展览的事后，她试探地问道，“你能信任他吗？”

“当然了，杰基。你不要担心。只是你要答应我，一定要来参加我的画展，好吗？”

“好的，约翰。我尽量。”

“答应我，你也会说服大卫、马尔科姆，还有他们的家人也一起来，好吗？我真的好想让你们看到这一切。”

“我会帮你问问的，但正如我前面所说，他们两个现在的工作都很忙。”

我仍然不确定她到底相信没相信我说的话。如果她不相信的话，我也不会怪她。在接下来准备画展的几个月里，时间转瞬即逝。我夜以继日地画着画，如同上了发条的机器。每天格里夫都会带来一个合作作家的消息。“好了，现在我们已经收到了史蒂夫·ESPO鲍尔斯、Zomby、帕布洛·德尔加多、Mad C、飞行堡垒、CEPT、盖亚和C215寄来的画……”他会简要重述一下那些愿意合作的艺术家的名字。我每天都能听到新的名字，几乎跟不上他的节奏。

格里夫画室有许多关于街头艺术的书，每次有空的时候，我都会翻阅一下，了解一下书中提到的街头艺术家以及他们为人所知的作品。当然，这并不是一件容易的事。最后，我们手上有了大约40名艺术家寄来的画。

我们需要找到一个合适的场所举办展览。经过几个月的找寻之后，格里夫和他的工作团队开始与翻新肖迪奇189号建筑（就在皮革和绒面革老店旁边）的负责人接洽。这简直就像是命运的安排。负责翻新的人都认识我，他们每天都看见我坐在街对面的配电箱前面。他们很乐意我们使用一层的空间，这并不妨碍他们继续翻新建筑的其他部分。他们对我的作品表现出很大的热情，其中一人甚至还买走了我的一幅画。

早在三年前我第一次画这个建筑的时候，我只是把这里当作破旧不堪的老地方，用来练习画技的地方，等练得差不多了我就去汉普斯特德画些豪华建筑。如果当时你告诉我，我要在这里举办自己的个人画展，我肯定会说你失去了理智。但是现在，我真的站在这里，肖迪奇高街 189 号，为即将在这里举办的第一个画展做准备。

显然，这里看起来很简陋，严格来说这里就是一个建筑工地，但这并不能阻止我们的热情。事实上，这环境更为我在街上的形象、我画的街上的画增添了视觉吸引力，与之交相呼应，完美融合。格里夫在外面挂了一张简单的招牌，上书“霍华德・格里夫画廊”，又派发传单宣传画展。画展开幕定在 2013 年 9 月 19 日早晨 7:30。我几乎等不及，盼着这一天马上到来。

第二十二章

我们把这次画展的主题定为“狗狗乔治和艺术家约翰”。这是我的主意。这个名字看起来贴合实际，就容易记住。传单上，一面是蒂埃里·努瓦尔和ROA的合作作品，另一面是我坐在街上画画，乔治穿着大衣坐在一个纸杯前面，纸杯里放了一卷胶带。

“你可能没听过约翰·多兰的名字，但他是东伦敦最有名的艺术家。”传单大肆宣传着。“多兰每天都会和狗狗乔治一起坐在肖迪奇高街上，画着周围的建筑物。他的画以独特的视角让我们领略到当代肖迪奇高街日新月异的变化。”

然后，传单上还列出了那些合作的街头艺术家，用一句话收尾：“在多兰画的城市风景画上，这些艺术家直接在上面的墙上和建筑物上作画，记录了一个幻化无休的城市不变又短暂的瞬间。”

“我靠，这个叫多兰的家伙听起来好牛，是谁啊？”每次我一见传单就会说道。

“不知道，听起来像个彻头彻尾的傻子。”乔治的神情好

像在说。

格里夫宣传得不错，我手上的传单真的像那么一回事，画展开幕即将来临。现在，我们的工作就是确保有人来看画展。每天我在肖迪奇高街一边作画，一边向路人派发传单。他们拿到传单后，都会停下来和我聊几句，或是祝我好运，有时还让我在传单上给他们签个名。许多人都看着我坐在这里好几年了，可以说他们是看着我成长为一名艺术家的。

“你现在画的可以卖给我吗？”有几个人问道。他们喜欢看着我现场作画，为画展做准备。不夸张地说，我的艺术就源于这条街。

有天晚上，在吉尔伯特和乔治按点照常出来散步的时候，我发给他俩一张传单。最后，我冲他们的背影喊道：“我真的很希望你们能来。但是如果没来的话，我也会原谅你们的！”

他们真的没来，但回想一下，这也是对我的另一种祝福。这样，他们就不会抢了我的画展的风头。

我们印发的四千张传单，仅靠我们自己是发不完的，因为我找来朋友加里·里克松帮忙。他因为酗酒的问题，不仅跟家人疏远了，而且熬过了一些艰难的时日。我希望这次画展也能帮他打开局面。我认识加里的父亲，我给他打了电话，邀请他来参加画展。因为我希望加里也能重回家人的怀抱，正如我希望我的家人能够再次接纳我，也能来参加我的画展一样。

我解释说：“我知道以加里目前的处境，他不想跟任何人见面。但我也是这么过来的，我知道他的感受。我一定会帮他搞定这个问题，带他出席画展。我知道他有多想见到您。”

格里夫在宣传第一线努力打拼，设法联系到英国广播公司的记者在画展开幕当天来采访我，并为当晚盛况摄影。

为了让杰基和其他家人相信我说的话，来参加我的画展，我决定使出杀手锏。

“听我说，杰基，这次画展一定会引起轰动的，你一定要来看看。英国广播公司的记者到时也会来采访我。我很快就能上 6 点钟的新闻了。”我对电话那头的杰基说道。

“真的吗？画展是哪一天？”

“具体还没确定，到时我会再通知你的。”

“好的，一言为定。”

这是一次令人沮丧的谈话，因为我能感觉到杰基对我还是半信半疑。但我决不会轻易放弃，我会让她对我彻底改观。不管她觉得我有多唠叨或是听起来有多绝望，我都不在乎。反正我已经请求她帮我捎话给大卫和马尔科姆了，我相信她肯定会帮我把话带到。

“听着，杰基，我知道这么多年来，我都是一个彻头彻尾的混蛋，我让你失望了。但是这一次，我会以我的方式向你们表示歉意，证明给你们看，我再也不是以前那个我了。我真的很想你们，我想见到你们，不想只是通过电话跟你们联系。”

“我明白你的感受，但是一时之间，发生了这么多事情，我需要考虑考虑。约翰，你已经离开我们很多年了，我真的需要好好想一想这所有的事情。”杰基若有所思地说道。

“我知道了，但是这次你真的要相信我，杰基。你一定要来看一看，就像我以前说的：我只是想重新回到你们身边。我希望你能跟约翰尼，还有我的外甥女们一起来看画展。我希望马尔科姆和大卫也能来，还有他们的妻子和孩子们。我知道他俩的儿女肯定都已经长大成人了，但是在我眼里他们还都是孩子，你明白我的意思。你能帮我联系一下他们吗？你能告诉他们我现在的情况，说服他们来参加我的画展吗？杰基，你肯定会帮我的，对吧？我知道你肯定能说服他们的。”

我看得出来，杰基在担心事情可能会再次急转直下，但她最终还是答应帮我联系马尔科姆和大卫。

“谢谢你，杰基。”我说道，心里终于落下了一块大石。长久以来，我一直期待这一刻的到来，现在我只能靠杰基了，希望她能带来好消息。

“老天保佑！一定让杰基说服他们。一定要告诉他们，他们能来画展，对我有多重要；告诉他们，我很抱歉年轻的时候做出那么多的混蛋事儿，给家里惹了这么多的麻烦；告诉他们，我现在已经振作起来，我要以这种方式向他们道歉。我现在真的、真的希望能够重回家人的怀抱，如果他们愿意的话。我想让你们都以我为豪。”

我说的都是心里话，一点儿没有添油加醋的成分。第二天，杰基就给马尔科姆和大卫打了电话，并拜托他俩把话捎给家里的其他人。

现在，我一周要跟杰基通话好几次，每次我都例行公事地问杰基："大卫怎么样了？马尔科姆怎么说？"或是"顺便问一下，杰基，他们答应来画展了吗？"

她一般都会说："我也不清楚，说实话，他们现在真的忙得抽不开身。"

我理解，杰基无法代他们答应来看画展的事。她不想让我失望，但是我决定采用软磨硬泡的战略，直到他们答应来看画展为止。

每隔一段时间，我就会去莱斯家一趟，告诉他我最近的情况。从我遇见格里夫以来，每次我去莱斯那里，他都会给我煮晚餐，然后再鼓励我一番。但是在我准备画展的日子里，他的身体每况愈下。他的身形一下子瘦削了很多，简直就只剩一副骨头架子了。我感觉到他的精神也大不如前，虽然他只有六十二岁。

"你就证明给他们看，你一定会让家人以你为荣的。"显然，莱斯已经为我感到自豪。他说，能够看到画展是促使他坚持下去的动力。自始至终，他都在精神上支持我，他发誓一定会坚持到看见我获得成功的那一晚。

"你理应取得成功，这一点我毫不怀疑。画展肯定会进展顺利，一炮打响的。"他对我说道。

他对我始终如一的支持，让我感到温暖。莱斯的话给了我坚持下去的勇气。随着画展的临近，我拼命画画，赶工完成参展所需的所有作品。

看着莱斯病体虚弱的样子，我意识到人的一生如此短暂。如果我继续糟蹋自己的身体，那么不久我也会变成莱斯现在的样子。终于，我决定勇敢地直面困难，打算去找医生开个处方，戒掉毒瘾。我冷静了很长时间，才去看医生，参加了戒毒的治疗。在那个时候，我感觉就像是完成了拼图的最后一个部分，一切都完整了。短期的疼痛换来身体的健康，没有比这更划算的了。莱斯的话是对的，生活只会越来越好，现在我可不想把这来之不易的一切毁掉。在经历了戒断时的所有痛苦和折磨（浑身冒冷汗、头痛、脊椎末端和腿都疼得厉害）后，我不断告诉自己，要珍惜现在的一切。

我手上握的不仅是我的未来，也是乔治的未来。如果我足够爱它，我就应该毫不妥协地戒掉毒瘾。每天，我都在与戒断症状做斗争。这是人生中最大的痛苦。如果有人读了这本书后，还是疯狂地想到吸毒的话，那么我奉劝你一句：千万不要做傻事！吸毒与慢性自杀无异！

第二十三章

在画展开幕当天，我感到心虚不安。几个月来，我一直对格里夫说，这次画展一定会盛况空前，大获成功。好莱坞肯定会以我为原型拍一部励志大片。我的经历将会在一年之内拍成影片，讲叙我从街头乞丐到达艺术巅峰、平步青云的整个过程。约翰和乔治将会成为超级大明星。我的乐观和热情无休无止，而格里夫则对画展抱持着较为实际谨慎的态度。

但随着画展进入倒计时，我们俩的角色又互调了个个儿。在最后关头，我突然变得烦躁不安、神经紧张起来；格里夫则是一副乐观积极的样子，试图让我放下心来。

“到时，如果只来了六个人，该怎么办？”我对格里夫说道。

“不可能只有六个人的，约翰。”他自信满满地道，尽管他也感到压力山大。

那天下午，为了让自己忙起来，不去想这个事情，我打算去买几件新衣服。

“你不需要打扮得那么时髦。”格里夫说道。

“我可不是一个流浪汉。在这种场合，我觉得我还是要买些新的‘装备’，武装自己的好。”我回答他道，朝他眨了眨眼。

我感觉到格里夫在想象我变成花花公子哈里时的样子，但实际上我也就只是买了几双新的运动鞋和一件像样的羊毛衬里夹克衫而已。我还给加里买了一套新衣服，我希望他能体体面面地跟家人团聚。

为了赶在画展当天报道，英国广播公司记者一整个星期都在肖迪奇高街上为我拍摄，为报道做着准备工作。有一天，因为下雨的缘故，他们先是让我坐在铁路桥的下面拍，然后又让我打伞站在地下村的墙边，跟阿根廷艺术家马丁·罗恩对话。

“我们看起来像是一副讨论艺术的样子，但是我们还是聊些陈词滥调，聊些废话吧——反正他们也听不见。”我说道，略显局促地笑了笑。

这就是我拍摄的时候说的话，听到这，马丁·罗恩哄然大笑起来。对我来说，拍摄实在是一件很新鲜的事情，我忍不住对当前的情形开起玩笑来。就像离开水的鱼，我需要调剂放松一下。

我上了伦敦英国广播公司晚间 6:00 节目。我和乔治一起坐在公寓里看节目，但我看得实在难受——比拍摄还要难受。

“我究竟做了些什么？我不想这么出风头。”我对乔治说道。

“画展一结束，你就能如愿以偿了。”它脸上的表情似是在说。

在为画展做准备的最后几周里，我还接受了几家当地新闻报纸记者和杂志特写记者的采访。

我告诉某些记者，在二十年的大部分时间里，我都未曾见过我的家人，结果并没有记者对我的家庭背景进行深挖。每次一谈到我奢望的家庭聚会，我就情绪激动、焦虑异常。尽管我在电话里一直恳求杰基，但我实在不确定他们是否有人会真的出现。

看完电视里的报道，我开始回想从前的那些事。已经整整过去了十六年，时间的洪流滚滚向前，彻底让我们疏远了彼此。最后一次见他们的时候，那还是在杰瑞葬礼仅几天后，我那时已经二十五岁了。他们会来吗？我毫无头绪。有哪个小家伙会来呢？想到这些，在去画展前我就紧张得满头大汗了。

我知道，画展上我还要做一个简短的致辞，致辞内容搞得我头都大了。我有那么多想说的话。我想说在我努力捕捉旧建筑的风貌时，人们都围在我身边，他们都为我着迷，也为肖迪奇着迷，它是一个重建如此迅速的地方。我想说在做了多年小偷，偷了那么多东西后，我心存内疚，想做一些事情回馈社会。我最近就把自己的作品捐献给了联合国儿童基金会和大事基金会，这些画为基金会筹集了几千英镑，而我还打算捐献更多的作品。我还想感谢那些给予我极大尊重的街头艺术家们，以及他们通过合作给予我的支持。

当然，加里与父亲的重逢也在我的脑子里盘旋。此外，我都还没有对格里夫表示感谢。想说的话太多太多。如果我家人也能奇迹般地出现，那么在我如此忙碌的时刻，我该怎么抽身招呼马尔科姆、大卫和杰基呢？在我人生中里程碑式的时刻，能够与家人重逢，那该是什么样的感觉呢？

从公寓走去画廊前，我静静地在沙发上坐了几分钟，努力使自己冷静下来。乔治挤在沙发上，陪着我，如同在告诉我它就在我身边，如同它知道我现在需要一点支持、一点鼓励一样。

“唉，开什么玩笑？”我心里想。

有一个人，我知道是绝对不会出现的。那就是莱斯，很遗憾离画展还有一个月的时候，他就过世了，他走的时候很安详，坐在家里的椅子上。我知道，他多想坚持到画展开幕，但他没有，这又让我松了一口气。因为他大限已至，我不想让他勉强自己，为我承受那么多痛苦。“莱斯会说些什么呢，嗯？”我准备动身前，对乔治说道。

“你是今晚的主角，好好享受吧。”他肯定会这样说。

莱斯一定会这样说的，我只需知道这些就可以了。莱斯的乐观精神一直影响着我，我一定会让他骄傲的。

一到画廊，我就像只受了惊吓的兔子一样呆立在那儿。继续往前走，我看见画廊外面大排长龙，直接排到人行道上。看到这些人，让我有种特别不真实、特别离奇的感觉。因为越过他们，我能看到配电箱前自己经常坐着画画的地方。一个人，手里拿着传单站在那儿，等着穿过马路。这一切太不可思议了，我一时有点难以消化。肖迪奇高街上聚集了这么一大帮人。有赶时髦的人，有无家可归的人、城市小伙、超级时尚迷、建筑工人、学生，还有其他艺术家——凡你能想得到的人都来了。好像整个社区的人全都来到这里，为我捧场，就像我在街上卖画时一样。就算不买画，他们也会朝乔治面前的杯子投一枚硬币，助我维持生计。现在，他们和我一起穿过马路，一如既往地支持着我。我真的、真的感动极了。真的很鼓舞人心，真的是这样。

画廊开门后，人群涌动。摄影记者和摄影师从各种角度把镜头对准我，闪光灯一阵猛拍。虽然我脑子是一片空白，但我记得面前闪光灯咔嚓咔嚓的声音和记者挥舞着磁带录像机的样子。英国广播公司全球记者汤姆·唐金负责对画展进行实况拍摄，期间他对我进行了采访。因为画展的关系，我和许多人建立了友谊，汤姆就是其中之一。尽管画展当晚，他只是观众之一，但是正是他们的存在，才使我的首次画展星光璀璨、熠熠生辉。没有他们，那么这次画展只能说是在破烂建筑里举行的一次寒酸艺术展。“有什么好大惊小怪的，”我不停地想，“这就是我，约翰·多兰，这次画展的主角！”

乔治看起来也是一脸困惑的样子。它看着周围的人群，好像在说：“到底他妈的怎么了，为什么都聚在这里——为什么墙上会挂着五十张我的画像，而且差不多都一个鬼样儿？”

画廊看上去很酷。每面墙上都挂着我的作品。此外，还有四十幅与其他艺术家的合作作品，一些则是三四个艺术家共同创作的作品。五幅大型建筑原画挂在房间一端，一堆聚光灯的光打在上面；狗狗乔治和肖迪奇高街的小型画作则挂满了整面侧墙，与合作作品隔空相对。画作重复带来惊人的效果，给人耳目一新的感觉。

我在接受记者采访的时候，格里夫也在忙活着，他向周围观众大力宣传着左边、右边和中央的作品。我想在屋里转一下都寸步难行，因为屋内差不多有两百多名观众挤在这里，外面街上还有两百多名观众排着队，等候入场。

我所不知的是，当时画廊外面正有三辆出租车停在了门口，车上下来的人各个年龄段都有。看着眼前的盛况，他们都惊讶地张大了嘴。本来，他们来这里就有些不情不愿，他们还以为场面一定很冷清、低调呢。

写这段话的时候，我还是忍不住掐一下自己，看是不是在做梦，因为我真的没想到他们会来。从出租车上下来的人就是杰基和她的女儿纳塔利和艾米丽，马尔科姆和他妻子盖伊及两个女儿安琪儿和杰西，还有大卫和他的大女儿维姬以及维姬的丈夫。

他们并肩走进画廊，每个人都被眼前的景象惊呆了。他们本来还以为画廊里一定很安静，里面最多也就六七个人礼节性地啜饮着红酒。就算这样，也算是我这个败家子的一种造化了。他们心里多半这样想，因为在这之前我只会给他们带来麻烦，不断地让他们失望。

我先是看见了杰基和她的女儿们，我抑郁的心情一扫而空，激动地拥抱她们。我奋力地挤过人群，欢迎家里的其他成员。过了这么多年，能够再次见到他们，这种感觉实在难以言表，我的心情久久不能平静。但这并不是你们想象到的家庭大聚会的场面。他们能出现在这里——就在画廊中央，真的是太神奇了，我想我们之中任何一个人一时之间都难以接受这个现实。现在再回想起来，那场景就像是试图再次抓住过去的梦，一切都让人感觉太不现实了。我的意思是说，我明白这实实在在地发生了，但是却并不让人感到真实。

马尔科姆和大卫几乎就没怎么变样儿，跟他们聊天的时候，感觉就像是在昨天，一切都没有变，我们也不曾分开过。

“什么？这是你画的？”马尔科姆对着合作作品问我道，这些画引起很多人的注意。

“也不全是，等我给你解释。”我说道。

我领他在画廊逛了一圈，告诉他我跟ROA、蒂埃里·努瓦尔和施都凯的结识经过，以及他们带来的多米诺效应，带动越来越多的街头艺术家加入我们的合作计划。马尔科姆深受震动，突然我听见身后大卫的声音。我转过身来听见他嬉皮笑脸地问格里夫道：“他是不是打劫你了，伙计？”

格里夫笑着道："你怎么不自己问问约翰，是不是我打劫他了呢？"

终于，我可以当面祝贺大卫获得了女王授予的英帝国勋章。我告诉他，我在新闻上看见他了，看到他在生活中为他人所做的事情，身为他的弟弟，我感到非常地自豪。我还解释说，正是因为他的原因，我开始投入慈善事业，把他作为我的榜样。

"克利斯蒂拍卖行拍卖了我捐给联合国儿童基金会的作品，筹集到了几千英镑呢，我为此感到自豪。我希望以后能够做更多类似的事情。"我说道。

他咧着嘴笑着说："你应该为自己感到骄傲。这就是慈善的意义，小家伙。"

老实说，听到他说的话，我简直快哭出来。这么多年来，我一直希望家人能以我为荣，不久之前还心灰意冷、低沉了一段时间。但是现在，我几乎不相信我做到了，而且还是以如此壮观的方式。

画展进行一段时间后，到我站起来致辞的时候了。为了占据有利的位置，人群都挤在画廊后面的旧楼梯上。画廊里一下子安静下来，我致辞的时候每个人都注视着我。乔治就站在我旁边，一如既往的镇定从容。

我先是解释了合作的理念，又说了些希望我画的肖迪奇高街的画可以使人们放眼周围的世界之类的话。

我致辞的时候，和杰基的大女儿纳塔利对视了一下。她现在已经是一位年轻漂亮的女士了，我最后一次见她还是在她很小的时候。看她站在那儿，我内心充满喜欢，情难自禁差点落下泪来。我不得不咬紧嘴唇继续说下去。在看到大卫的女儿维姬时，我也有同样的感觉。我最后一次见她时，她还是一个十几岁的孩子，现在她已经是一名会计师了。

过后我们聊天的时候，她笑着对我说："我想跟您聊聊税款缴纳的事儿。"在功成名就之时，能够见到所有的孩子——我的外甥女和侄子侄女，真是没有比这更棒的事儿了。

加里的爸爸也来了，虽然我并没有跟他们多聊，但我知道多年没见，他们肯定也有很多话要说。他们的团聚对我来说意义重大，因为与赚几英镑钱相比，我更希望我的作品能够为人们带来更多东西。就像我跟大卫讲了做慈善的事后，他所说的那样"这就是慈善的意义"。对我来说，这一晚是我人生的转折点，通过这次转折我希望能以更积极的态度去帮助他人。

当晚，我的一位老友乔吉·特里克斯也来了，他让这一晚更加意义非凡。我十四的时候，他是和我一起破门闯入一个汽车修理厂的同伙之一。他领着有学习障碍的儿子出现在画展上。二十多年后，再一次见到他，我禁不住哽咽。事实上，他的到来让我感动得无以复加，因此我问他是不是有能帮到他儿子的地方。我可以给他一笔钱，让他去迪士尼或是任何其他地方好好玩一玩，他们能来我真的是太开心了。乔吉告诉我说，他儿子现在的状态无法坐飞机旅行，但他仍很感激我能这么说。其

实，乔吉根本不需要我或是其他人的帮助，因为他现在过得很好。他与年少时的心上人翠西结婚，然后在一家广告公司做着一份体面的工作。我真的很为他高兴，我知道多特一定跟我也是同样的心情。她与乔吉的妈妈安妮是好朋友，两个人以前还傻兮兮地为我们的将来担忧。我觉得多特和安妮现在一定会为我和乔吉今天的成就震惊而自豪的。

随着夜幕降临，我走出画廊，呼吸一下外面的新鲜空气，里面所有的一切都让我兴奋得过了头。外面许多人肩并肩站着，我浑身滚烫，何况在经历了过去和现在的冲击后，我感觉自己轻飘飘的。

“你还好吧？”同样出来透透气的乔吉问道。

“我只是太激动了，感觉一切都如此的陌生。”我说道。

我不确定乔吉知不知道该怎么回应我，但其实他无须回答，因为当时突然有一位女士插话道：“约翰，你还记得我吗？”

我一抬头看见她，就赶紧说道：“萨拉，我怎么可能忘记呢！”

虽然我最后一次见她的时候，她才十几岁，但我还是一眼就认出了她：萨拉是吉米·多兰的大女儿。

“我们在新闻上看见你的消息，我爸还一直在想，这些年你到底去了哪里。”她解释道。

当然，我问候了一下吉米的情况，萨拉说因为糖尿病的原因他的一条腿截肢了。听到这些，我十分难过，最后我们约定要保持联系。我其实很想问她，吉米是不是试图找过我，但我还是没有问出口。我有那么多的问题想问她，但是今晚的我实在无法消化这么大的信息量。我以后一定要找出答案，但是今晚就先这样吧。

晚上的时候，我已经等不及想要回家了。我的神经一直紧绷着，我感到身心俱疲。我需要单独跟乔治待一会儿，试着想想今晚所发生的一切。

还没到第二天，我就知道了当晚卖出了多少幅画，这让我更加体会到这一晚对我的意义。

所有狗狗乔治和肖迪奇高街建筑画全部在当晚一售而空，售价分别是二十和五十英镑；而墙上的合作作品也卖掉了三十幅，售价从五百到三千五百英镑不等。总售价达到三万五千英镑，再加上预售卖出的一万五千英镑，也就是说我们总共卖了五万英镑。

五万英镑！真是太不可思议了，虽然这无法跟家庭聚会相提并论，但也确实够让人激动一阵儿的了。

“出租车停下来的时候，画廊外面简直人山人海，我真是太为你骄傲了。”大卫当时对我说。这是我一生中难以置信的美妙时刻，没有比这句话更让我开心的了。几十年来，我一直都是家族的痛苦之源，但我终于获得了成功。大哥的肯定，比一切都重要。此时，就算死，我也死而无憾了，因为我已经完成了毕生所有的志愿。

我在深思、消化当晚这有转折意义的时刻时，乔治一直都是目不转睛地看着我。最后，我对乔治说：“我就说，我们一定会成功的，是不是？”

我轻拍着它说：“让家人以我为荣，我做到了。我们赚了五万英镑呢！有谁会相信这个？”

乔治脸上还是一副嘲讽的表情，如同那天格里夫告诉我预售的时候一样，好像在说：“我什么时候才能拿到我该得的一半？”

我搂着它，给它一个大大的拥抱。乔治得到的不止一半，因为我欠它所有的一切。

后记

写书的过程中，我一直想问两个问题：到底是从哪里开始出错的呢？我到底是从哪里开始回到正轨的呢？

离画展已经过去八个月了，我仍然在“消化着”我生活中翻天覆地的变化。

正如我前面所说，我并不想把开画展作为赚钱和保障我和乔治未来生活的工具，我希望这次画展，也能为他人带来不一样的东西，希望能够激励其他无家可归的人以及经历过与我相似处境的人。

对我来说，能够有机会写这本书，才是我收到的最珍贵的礼物。它让我再次回顾了过去的点点滴滴，明白了自己脱离正轨的经过和原因。我真诚地希望，这本书的读者，那些在生活中有一个好的开始的人，能够理解某些不幸的人的遭遇，因为生活就是这样。

我不是天生的坏小孩，我也并不是天生就是夜贼、瘾君子或是流浪汉。我只是运气不好而已，就像世界上许多其他的人一样。我花了很长时间才可以重新来过，可以重新回到家人的

怀抱。

对此，我不怪任何人。许多人的处境比我糟糕多了，但我知道无论你手里拿到什么牌，生活是由你去创造的。你必须找自己的闪光点——因为我们每个人都有——然后利用这些闪光点尽最大努力摆脱困境，一次不成，就来两次，总之一直努力下去。

回顾往昔，我简直不敢相信自己这么厚颜无耻、这么垃圾混蛋过，竟然做了那么多年的夜盗。对于我充满罪恶的过去，我一点也骄傲不起来，虽然有些窘迫回忆仍会让今天的我笑出声来。

我年轻时，总是试图做些无伤大雅的荒唐事来找点乐子，但我现在已经不那么想了。只要牵扯到犯罪，就肯定会有人受到伤害。即使抢劫那该死的邓肯甜甜圈商店，也是不可原谅的行为！

我和格里夫创办画展的时候，我就一直跟他强调，我们必须为慈善事业贡献一份力量，因为我相信因果报应。在我流浪街头、孤立无援的时候，我本身就受到了大家的多方照顾，所以我迫切地希望能够去做一些事，回馈我们的社会。

我对联合国儿童基金会和大事基金会的私人捐赠仅仅是个开始。另外，我还将自己的作品进行慈善拍卖，所得钱款全部捐赠给中端站。最近，我又参加了伦敦博物馆的社区艺术项目。我的志愿是支持全球的慈善组织，帮助得不到基本医疗保障或是那些连水都喝不上甚至是头无片瓦的印度人民。

在画展获得成功之际，格里夫又一口气在肖迪奇高街 189 号开了一家永久的霍华德·格里夫画廊。今年年末，我和格里夫又在洛杉矶举办了一次画展，展出内容大体与伦敦画展相似，但是合作作品则以洛杉矶风景作为背景。说实话，有时我真不敢相信——太他妈虚幻了！对我来说整件事就是个奇迹，我竟然还办了护照，竟然还有钱去美国，更别说还在那里开画展了。

今年早些时候，我姐姐杰基满五十岁了，我受邀参加了她的生日派对，地点就在赞善里的一个时髦会场。

“你会来吧？”马尔科姆提前就跟我打好了招呼。

“都有谁去啊？”我问道。

“家人和朋友，你一定要来哟！”他说道。

不久之前，我还一直梦想着跟家人团聚，他说的这些正是我所期盼的，我当然要去了。

杰基看起来状态很不错，簇拥着她的不仅有家人，还有很多过去的熟面孔，像学校的同学和总统住宅区的朋友。

就像伦敦画展当晚一样，有很多事情需要慢慢去接受。许多人都了解我的过去。说实话，这让我有些烦躁，我不知道他们会怎么谈论我。当然，他们本也可以说些好听的，但我并不十分确定。

我并没有待多久，找了个借口就离开了。这里不是好莱坞，泡泡糖般虚幻的生活根本不存在。我不想假装一切都很美好，每个人都过上了幸福美满的生活，因为事实并非如此。事实是，我花了很长时间才重新修好那些过去被我破坏掉的东西，但我非常感激他们能给我这个重新来过的机会；我永远不会再把这一切搞砸，因为生活已经给了我足够的教训。

那晚我回到家的时候，乔治已经睡着了。我坐下来看了它很久，想着如果没有它，我的生活会怎样。

它真的让我大吃一惊。一只像它这样的斯塔福德郡斗牛犬怎么就能改变我的生活呢？我绝对是脑子不清醒了，但这却是千真万确的事实。

我欠乔治的太多太多，我希望它能了解我有多爱它。

作者致谢

在此，特向我有幸合作过的世界各地的艺术家们表示衷心的感谢；承蒙各位鼎力相助，不胜感激。

2501（意大利）
阿戈斯蒂诺·亚库尔奇（意大利）
本·威尔逊（亦称嚼口香糖的人，英国）
布洛肯·芬格尔克鲁（以色列）
BRK（西班牙）
C215（法国）
CEPT（英国）
克里斯蒂安·纳高（南非）
公民凯恩（英国）
大卫·沃克（英国）
迪斯克里特（澳大利亚）
爱克塔（瑞典）
飞行堡垒（德国）
黄金钉（英国）
盖亚（美国）
希特尼斯（意大利）
伊恩·史蒂文森（英国）
肯德·安肯尼（英国）
诺恩·霍普（以色列）
里杰恩（西班牙）
MadC（德国）
Malarky（英国）
马丁·罗恩（阿根廷）
马泽尔（爱尔兰）
迈克尔·德费奥（美国）
帕布洛·德尔加多（墨西哥）
佩鲁卡斯（西班牙）
派斯（西班牙）
ROA（比利时）
龙佐（德国）
罗迪（英国）
RUN（意大利）
塞弗（美国）
史蒂夫·ESPO鲍尔斯（美国）
施都凯（英国）
斯韦特（丹麦）
伦敦警察（英国）
不定居的人（英国/西班牙）
蒂埃里·努瓦尔（法国）
Zmoby（英国）

除上文提到的艺术家外，一路走来还有很多人同心协力地帮助过我，没有他们就没有我和乔治的今天。

再次感谢所有我有幸合作过的艺术家们。感谢大卫·彭斯愿意出借办公室屋顶给我提供画肖迪奇地平线的机会；同样感谢卡利娜·克劳森一直在背后的默默付出。我还要特别感谢罗恩和奥伦·罗森布鲁姆，谢谢你们慷慨提供肖迪奇高街189号供我举办画展。另外，特别感谢汉娜·扎菲罗普洛斯，谢谢你不懈的努力和卓越的组织能力，谢谢你帮我在肖迪奇高街找到举办画展的理想场所。此外，我还要感谢戴夫、帕迪·埃文斯和罗宾·菲利普斯，谢谢你们在画展开幕当天帮忙悬挂我所有的画作；没有你们，观众不可能看到墙上的一幅幅作品。感谢加里·里克松，帮忙在肖迪奇高街附近派发画展传单。感谢威尔·罗伯森斯科特、马卡斯·皮尔、艾伯特·索恩、罗伯·韦尔和汤姆·唐金，谢谢你们在镜头后的专业拍摄。谢谢大事基金会的西利亚·安德森和弗朗西斯卡·佐治蒙福特及大卫·莫里斯，谢谢你们的帮助和所给予的耐心。感谢每个来画展捧场、为我带来最难忘一夜的各位朋友以及当晚购买画作的朋友。

感谢兰登书屋的编辑杰克·福格及其整个团队，没有你们就没有这本书的出版。同样，感谢瑞秋·墨菲，谢谢你给予的所有帮助和支持。

衷心地感谢三年来一直支持我和乔治的肖迪奇高街社区的朋友。感谢你们，就算不买画也会往乔治面前的杯子里投放硬币；即使不投硬币，也会对我说些鼓励的话。

感谢彩虹体育酒吧的大个子本和保罗，谢谢你们在星期五的晚上保护我不受那些在肖迪奇高街上开派对的一群喝醉酒的疯子的骚扰。

最后，我还要感谢理查德·霍华德·格里夫（简称格里夫），没有你的友爱和奉献，就没有我今天的一切。

——约翰·多兰

图片鸣谢

本书照片分别由 Albert Julià Torné、Bob Weir、Richard Howard-Griffin 以及作者本人提供。

我们已做出一切合理努力联系所有的版权持有人，但如照片信息仍有错误或疏漏，我们将在本书后续章节中再做出相应修改。

本书所有插图均由约翰·多兰提供。